Bettina Haller

BACKREZEPTE
aus'm Bayerischen Wald

Herzerltorte, Osser-Kipferl, Maulwurfshugerl –
kreative Ideen für Kuchen, Torten & Gebäck

Bettina Haller

bettis.leckeres.landleben

BACKREZEPTE
aus'm
Bayerischen Wald

Herzerltorte, Osser-Kipferl, Maulwurfshugerl –
kreative Ideen für Kuchen, Torten & Gebäck

SüdOst Verlag

Vorwort

Backbücher – jeder hat wahrscheinlich mehr als ein Exemplar zu Hause im Regal stehen. Wenn einem dann aber in den Sinn kommt, etwas zu backen, sind die Rezepte oft sehr ausgefallen, die Arbeitsschritte langwierig und kompliziert; und oftmals enthalten die Rezepte ausgefallene Zutaten, die man in der Regel nicht daheim hat – oder vielleicht sogar gar nicht kennt!

Als ich angefangen habe, die Rezepte für das vorliegende Buch zu schreiben, Ideen zu sammeln und letztlich zu backen, war es mir ein Anliegen, genau diese Punkte zu berücksichtigen. Ich habe versucht, für euch Rezepte zu entwickeln, die jedem gelingen und die trotzdem besonders sind: ob es eine Torte ist, die für einen besonderen festlichen Anlass gebacken wird, ein Kuchen, den man im Alltag vielleicht für eine Freundin, die zu Besuch kommt, backt, oder aber auch Gebäck, das bei keiner Feier oder Party fehlen darf.

Wenn ich mir jetzt dieses Buch so anschaue, glaube ich: Es ist für jeden etwas dabei. Und vor allem sind – und das ist mir das Wichtigste – **leckere** Rezepte erstellt, gebacken und für euch zum Nachbacken niedergeschrieben.

Auf den nächsten Seiten findet ihr ein paar Grundlagen-Infos – und dann geht's auch schon weiter mit den Rezepten; auch bei diesen findet ihr genaue Schritt-für-Schritt-Anleitungen.

Denkt immer daran: Backen ist eine Kunst. Das heißt: Jede Torte, jeder Kuchen, jedes Gebäck ist individuell. Selbst bei mir sieht keine Torte beim zweiten Mal genauso aus wie beim ersten Mal. Und das ist auch in Ordnung so. **Hauptsache, selbst gebacken!** ♥

Bettina Haller

Kreatives Gebäck | 117

ABCDE FGHIJK LMNOP QRSTU VWXYZ

Rezeptregister | 158

Einleitung

Grundlagen – Teige

Biskuitteig

Die Grundlage beim Biskuit bilden Eier, Zucker und Mehl. Wichtig dabei ist, dass der Teig bzw. die Masse sehr schaumig gerührt wird. Diesen schaumigen Zustand erreicht man vor allem dadurch, dass am Anfang die Eier getrennt werden. Zuerst wird immer das Eiweiß steif geschlagen, danach kommen Zucker, evtl. Vanillezucker, die Eigelbe und Aromen hinzu. Mehl, Backpulver, Speisestärke, Kakao, Nüsse jeglicher Art werden erst ganz zum Schluss eingesiebt und vorsichtig untergehoben. Außerdem wird bei einem Biskuit die Backform nicht eingefettet, da der Teig sonst nicht aufgehen kann, sondern die Form mit Backpapier ausgelegt. Die Backzeit ist – anders als beim Rührteig – viel kürzer. Biskuit wird für sämtliche Torten verwendet, aber auch für Blechschnitten, Obstkuchen oder Rouladen.

Rührteig

Beim Rührteig können unendlich viele Zutaten gemeinsam miteinander vermischt werden. Grundlage bilden hier Butter bzw. Margarine, Eier und Mehl. Mit Kakao, Nüssen, Schokodrops, Früchten etc. können die leckersten Kreationen geschaffen werden. Wichtig ist, dass die Zutaten möglichst Zimmertemperatur haben. Alle Zutaten können auch mit dem Handmixer bzw. der Küchenmaschine schaumig gerührt werden. Es muss nichts untergehoben werden. Viele verschiedene Kuchen können entweder in Kastenform, Guglhupf, Kranzform oder aber auch als Blechkuchen gebacken werden. Hier ist es wichtig, die Form immer auszufetten und am besten noch mit Mehl zu bestäuben, damit sich der Kuchen nach dem Backen schön aus der Form löst.

Mürbteig / Knetteig

Plätzchen, Gebäck, aber auch Kuchen oder sogar Tortenböden haben als Grundlage einen Knetteig oder auch Mürbteig. Dieser enthält oft sogar keine Eier – hier nicht wundern, das ist gewollt so. Man kann den Teig mit Knethaken herstellen oder am besten mit den Händen alles verkneten. Für den Mürbteig sollte die Butter immer zimmerwarm sein, der Teig dann aber wenn möglich noch für ca. ½ Stunde kaltgestellt werden, damit er nicht klebrig wird. Nach dem Backen ist er richtig schön knusprig.

Hefeteig

Ein Hefeteig ist etwas arbeits- und zeitintensiver. Er braucht viel Ruhe und Wärme, damit er aufgehen kann. Trotzdem ist er nach wie vor sehr beliebt. Am wichtigsten ist hier zu beachten, dass die Hefe in lauwarmer Milch (nicht über 37 °C, da sonst die Hefekulturen zerstört werden) aufgelöst und mit den anderen Zutaten ein „Dampferl" hergestellt wird. Nach ca. 1 Stunde kann man den Hefeteig dann weiterverarbeiten: zu Hefezöpfen, Blechkuchen und sämtlichem Gebäck mit fruchtiger oder nussiger Füllung.

Grundlagen – Cremes

Sahne

Wenn man als Creme einfach nur Sahne verwenden möchte, ist es wichtig, dass die Rührschüssel und auch die Sahne kalt sind. So gelingt ein tolles Ergebnis. Sahne kann zum Füllen und Einstreichen von Torten verwendet werden, genauso aber für Blechkuchen, Cupcakes und anderes Gebäck.

Creme mit Gelatine

Etwas aufwendiger ist eine Creme mit Gelatine. Sie kommt meistens bei einem Rezept mit Früchten, die im Vorfeld püriert wurden, zum Einsatz. Damit diese Konsistenz dann auch Festigkeit bekommt, muss sie mit Gelatine vermischt werden. Gelatine muss immer zuerst eingeweicht und dann erwärmt werden, bevor man sie zu einer Creme geben kann. Damit diese Cremes fluffig werden, empfehle ich zusätzlich noch Sahne zu schlagen und unterzuheben.

Swiss-Meringue-Buttercreme

Die mittlerweile wohl meistbenutzte Creme zum Einstreichen von festlichen Torten, Motivtorten etc. Diese Creme hat gegenüber Sahne einfach den Vorteil, dass sie im Kühlschrank komplett fest wird. Die Torte hat dadurch viel mehr Stabilität, was vor allem für hohe Torten sehr wichtig ist. Die Zubereitung der Swiss-Meringue-Buttercreme bekommt ihr in diesem Buch bei der „Woidfrucht-Torte" erklärt.

Schokolade

Ein großer Trend bei Torten ist mittlerweile der sogenannte „Drip". Mit erwärmter Schokolade in Weiß, Braun oder Schwarz kann man mithilfe eines kleinen Löffels Schokolade an der Torte herunterlaufen lassen. Noch einfacher geht es mit einer sogenannten Dripflasche. Diese kann man dann ganz einfach im Wasserbad mit der Schokolade erwärmen und den Drip auf die Torte geben. Die Torte sollte vorher allerdings komplett durchgekühlt sein.

Grundlagen – Dekor

Sahne

Mit Sahne kann man eine Torte immer schön einstreichen oder schöne Tupfen auf die Torte machen. Ein hoher Tortenabzieher und eine lange Teigpalette helfen sehr dabei, um eine schöne gerade Kante und eine glatte Fläche zu bekommen. Verziert werden kann die Sahne dann noch mit Früchten, Nüssen, Schokolade – je nach Füllung der Torte.

Köstliche Kuchen

Sonntags-Kuacha

Klassischer Rührkuchen mit Schokolade

Zubereitungszeit: ca. 20 Min.
Abkühlzeit: 45 Min.
Backzeit: 1 Std.
Für 12 Stücke

Zutaten:

200 g weiche Butter
250 g Zucker
6 Eier
125 g Mehl
½ Päck. Backpulver
250 g gemahlene Nüsse oder Mandeln
200 g Raspelschokolade
1TL Zimt
Schale einer Zitrone
Puderzuckerglasur zum Bestreichen

Zubereitung:

1. Backofen auf 180 °C Ober-/Unterhitze vorheizen.
2. Aus Butter, Zucker und den Eiern einen Rührteig herstellen.
3. Das mit Backpulver vermischte Mehl und die Nüsse (oder Mandeln) zugeben und verrühren.
4. Zum Schluss die Raspelschokolade, den Zimt und die Zitronenschale untermengen.
5. Den Teig in eine gefettete, bemehlte Kranzform geben und für ca. 60 Min. backen.
6. Den Kuchen etwas erkalten lassen und vorsichtig aus der Form lösen. Komplett erkalten lassen und mit einer Puderzuckerglasur bestreichen.

Mamas Äpfekuacha

Apfelkuchen

Zubereitungszeit: ca. 30 Min.
Abkühlzeit: 1 Std.
Backzeit: 45 Min.
Für 16 Stücke

Zutaten:
600–700 g Äpfel
125 g Butter
125 g Zucker
3 Eier
200 g Mehl
2 gestr. TL Backpulver
2 EL Milch

Zubereitung:

1. Äpfel schälen, vierteln und entkernen. In feine Scheiben schneiden.
2. Backofen auf 180 °C Ober-/Unterhitze vorheizen.
3. Eine Springform einfetten.
4. Butter, Zucker und Eier schaumig rühren. Das mit Backpulver vermischte Mehl und die Milch hinzugeben und unterrühren. Ein Drittel der Äpfel vorsichtig unter den Teig heben. Diese Masse in die vorbereitete Springform geben. Die restlichen Äpfel auf dem Kuchen verteilen und für ca. 45 Min. backen.
5. Nach dem Abkühlen mit Puderzucker bestreuen.

Gschmeidiger Nussnapfkuacha

Nussnapfkuchen

Zubereitungszeit: ca. 30 Min.
Abkühlzeit: 30 Min.
Backzeit: 45 Min.
Für 12 Stücke

Zutaten:
120 g weiche Butter
250 g Zucker
3 Eier
100 g Haselnüsse
250 g Mehl
1 Päck. Backpulver
⅛ l – ¼ l Sahne oder Milch (nach Belieben)

Zubereitung:

1. Aus Butter, Zucker und den Eiern eine Schaummasse herstellen.

2. Nüsse und das mit Backpulver vermischte Mehl hinzugeben. Die Sahne bzw. Milch vorsichtig unterrühren, bis ein geschmeidiger Teig entsteht.

3. In eine gefettete, bemehlte Napfkuchenform füllen und im vorgeheizten Backofen bei 180 °C ca. 45 Min. backen.

4. Den Kuchen etwas abkühlen lassen und aus der Form lösen.

5. Mit Puderzucker besieben.

Bananenschnitterl

Bananenschnitten vom Blech

Zubereitungszeit: ca. 2 Std.
Abkühlzeit: 2 Std.
Backzeit: 25 Min.
Für 20 Stücke

Rührteig:
5 Eier
300 g Zucker
1 Päck. Vanillezucker
350 g Mehl
1 Päck. Backpulver
125 ml Öl (geschmacksneutral)
175 ml Orangenlimonade

Füllung:
Aprikosenkonfitüre
500 ml Sahne
2 Päck. Sahnesteif
3 Päck. Vanillezucker
8 Bananen

Glasur:
200 g Vollmilchkuvertüre
50 ml Sahne
100 g weiße Kuvertüre

Rührteig:

1. Für den Rührteig zuerst die Eier schaumig rühren. Zucker und Vanillezucker einrieseln lassen und unterrühren. Das mit Backpulver vermischte Mehl ebenso unterrühren. Öl und Limonade hinzugeben und verrühren. Backofen auf 180 °C Ober-/Unterhitze vorheizen.

2. Den Teig auf ein mit Backpapier belegtes Blech geben. Achtung, der Teig ist relativ flüssig. Für 25 Min. im Backofen backen.

Füllung:

1. In der Zwischenzeit die Sahne mit Sahnesteif steif schlagen. Vanillezucker unterrühren.

2. Die Bananen der Länge nach halbieren und nochmal dritteln.

Fertigstellung:

1. Den abgekühlten Kuchen mit 3–4 EL Aprikosenkonfitüre bestreichen.

2. Dann die Sahne darauf verteilen und glattstreichen.

3. Die Bananenstücke gleichmäßig auf dem gesamten Blechkuchen verteilen.

4. Kuvertüre in Stücke brechen und im Wasserbad schmelzen. Sahne hinzugeben (damit lässt sich der Kuchen später besser schneiden).

5. Die Schokolade mit einem Löffel und einem Pinsel auf dem Backblech verteilen.

6. Danach noch etwas weiße Kuvertüre schmelzen und mithilfe einer Gabel ein Muster auf den Bananenschnitten machen.

7. Über Nacht am besten im Kühlschrank fest werden lassen.

Zucchini-Quark-Kuacha

Cremiger Zucchinikuchen

Zubereitungszeit: ca. 1 Std.
Abkühlzeit: 15 Min.
Backzeit: 30 Min.
Für 18–20 Stücke

Rührteig:
2 Eier
150 g Zucker
1 Päck. Vanillezucker
½ TL Zimt
1 Prise Salz
125 ml Öl
50 g gemahlene Haselnüsse
150 g Mehl
2 TL Backpulver
120 g geraspelte Zucchini

Belag:
250 g Quark
200 ml Sahne
1 Päck. Sahnesteif
1 EL Rum oder etwas Rum-Aroma
75 g Zucker
Schokoraspeln

Rührteig:

1. Backofen auf 180 °C Ober-/Unterhitze vorheizen.

2. Die Eier mit dem Zucker und dem Vanillezucker schaumig rühren. Zimt, Salz und Öl hinzugeben und alles miteinander verrühren. Die Nüsse sowie das mit Backpulver vermischte Mehl hinzufügen und unterrühren. Zum Schluss die Zucchini vorsichtig unterheben.

3. Eine Springform (Ø 26 cm) einfetten, mit Mehl bestäuben. Den Teig einfüllen und glatt streichen. Im vorgeheizten Backofen 30 Min. backen. Den Kuchen erkalten lassen.

Fertigstellung:

1. In der Zwischenzeit für den Belag die Sahne mit Sahnesteif steif schlagen. Zucker einrieseln lassen und verrühren. Den Quark vorsichtig unterheben, ebenso den Rum (oder Rum-Aroma). Diese Masse gleichmäßig auf dem Zucchini-Kuchen verstreichen, mit Schokoraspeln dekorieren.

2. Mindestens 1 Stunde in den Kühlschrank stellen. Erst dann aus der Springform lösen.

Erdbeer-Kuacha

Erdbeer-Blech-Kuchen

Zubereitungszeit: ca. 30 Min.
Abkühlzeit: 30 Min.
Backzeit: 15 Min.
Für 12 Stücke

Rührteig:
5 Eier
300 g Zucker
3 Päck. Vanillezucker
350 g Mehl
1 Päck. Backpulver
125 ml Speiseöl geschmacksneutral (am besten Sonnenblumenöl)
175 ml Fanta/Orangenlimonade

Dekor:
500–1000 g frische Erdbeeren
2 Päck. Tortenguss

Rührteig:

1. Den Backofen auf 180 °C Ober-/Unterhitze vorheizen.
2. Eier schaumig rühren. Zucker und Vanillezucker hinzufügen und eine Schaummasse herstellen. Das mit Backpulver vermischte Mehl hinzugeben und unterrühren. Speiseöl sowie die Orangenlimonade unterrühren.
3. Ein Backblech mit Backpapier auslegen. Einen Backrahmen darum stellen.
4. Den Teig einfüllen und für ca. 20 Min. backen. Auskühlen lassen.

Fertigstellung:

1. Die Erdbeeren waschen, halbieren und gleichmäßig auf dem Kuchen verteilen.
2. Tortenguss nach Packungsanleitung zubereiten, kurz abkühlen lassen und auf den Erdbeeren verteilen.

Tipp

Dieser Erdbeerkuchen kann natürlich auch beliebig mit anderen Obstsorten belegt werden.

I-mog-di-a-Kuacha

Gedeckter Rhabarber-Erdbeer-Kuchen

Zubereitungszeit: ca. 1 Std.
Abkühlzeit: 30 Min.
Backzeit: 15 Min.
Für 15 Stücke

Mürbteig:
300 g Mehl
200 g weiche Butter
100 g Zucker
1 Päck. Vanillezucker
1 Ei
1 Prise Salz

Füllung:
400 g Rhabarber
400 g Erdbeeren
100 g Zucker
1 EL Speisestärke

Zum Bestreichen:
Puderzuckerglasur

Zubereitung:

1. Für den Mürbteig alle Zutaten mit der Hand zu einem Knetteig verarbeiten. Kurz kalt stellen.
2. Rhabarber schälen, in Stücke schneiden. Erdbeeren waschen und halbieren. In einem Topf alles weichkochen. Zucker und Vanillezucker unterrühren.
3. Zum Schluss Speisestärke mit 2 EL Wasser auflösen und zur Rhabarber-Erdbeer-Masse geben. Aufkochen lassen und kurz abkühlen lassen.
4. Den Backofen auf 180 °C Ober-/Unterhitze vorheizen.
5. Eine Springform mit Ø 26 cm ausfetten. Den Mürbteig in drei Teile teilen. Einen Teil gleichmäßig auf dem Boden verteilen. Den zweiten Teil als Rand ca. 3 cm hochdrücken.
6. Den dritten Teil ausrollen. Mit einem Messer oder Teigrädchen Streifen mit 2 cm Breite schneiden. Mit Plätzchenausstechern Blumen, Sterne oder anderen Dekor vorbereiten.
7. Die Rhabarber-Erdbeer-Masse auf dem Mürbteig verteilen.
8. Das Mürbteig-Gitter ebenfalls auf dem Kuchen verteilen. Zum Schluss noch die ausgestochenen Blumen oder Sterne auf dem Gitter verteilen und für 45–50 Min. im vorgeheizten Backofen backen.
9. Erkalten lassen. Danach mit einer Puderzuckerglasur bestreichen.

Arberland-Schnitten

Kirsch-Butterkeks-Schnitten

Zubereitungszeit: ca. 1 Std.
Abkühlzeit: 30 Min.
Backzeit: 25 Min.
Für ca. 20 Stücke

Rührteig:
250 g Butter
200 g Zucker
1 Päck. Vanillezucker
4 Eier
300 g Mehl
2 TL Backpulver

Füllung:
1 Glas Schattenmorellen
75 g Speisestärke
Sauerkirschkonfitüre
400 ml Sahne
200 ml Schmand
3 EL Zucker
3 Päck. Sahnesteif
Etwas Amaretto zum Tränken

Belag:
1 Pack. Butterkekse
Puderzuckerglasur

Rührteig:

1. Den Backofen auf 180 °C Ober-/Unterhitze vorheizen.
2. Butter, Zucker und Vanillezucker cremig rühren. Die Eier hinzufügen und schaumig rühren. Das mit Backpulver vermischte Mehl hinzufügen und unterrühren.
3. Den Teig auf ein mit Backpapier belegtes Backblech geben (am besten mit einem Backrahmen). Für 20–25 Min. backen.

Füllung:

Die Kirschen abtropfen lassen, dabei den Saft auffangen. Den Saft mit der Speisestärke glattrühren und in einem Topf zum Kochen bringen, bis der Saft eindickt. Die Kirschen vorsichtig unterrühren.

Fertigstellung:

1. Den Kuchenboden mit Amaretto tränken. Etwas Sauerkirschkonfitüre verteilen. Darauf die Kirschmasse.
2. Die Sahne mit dem Sahnesteif steif schlagen. Schmand und Zucker hinzufügen und verrühren.
3. Die Creme auf den Kirschen verteilen, dabei etwas Sahne zurücklegen für die Dekoration.
4. Mit Butterkeksen belegen und mit einer Puderzuckerglasur bestreichen. Zum Schluss mit Sahne beliebig dekorieren.

Beschwipster Kirschbäxn-Kuacha

Kirsch-Amaretto-Streusel-Kuchen

Zubereitungszeit: ca. 1 Std.
Abkühlzeit: 3 Std.
Backzeit: 45 Min.
Für 12 Stücke

Rührteig:
150 g Butter
150 g Zucker
1 Päck. Vanillezucker
3 Eier
180 g Mehl
½ Päck. Backpulver

Füllung:
250 g Quark
300 ml Sahne
2 Päck. Vanillepuddingpulver
50 ml Amaretto
80 g Zucker
1 Glas Schattenmorellen (Abtropfgewicht 370 g)

Streusel:
200 g Mehl
125 g Zucker
150 g Butter

Rührteig:

1. Für den Rührteig die Butter mit dem Zucker und Vanillezucker cremig rühren. Eier hinzugeben und schaumig rühren. Mehl und Backpulver unterrühren.

2. Backofen auf 180 °C Ober-/Unterhitze vorheizen. Eine Springform (Ø 26 cm) einfetten. Den Teig auf die gefettete Springform streichen.

Füllung:

Für die Füllung den Quark mit der Sahne, dem Vanillepuddingpulver, dem Amaretto und dem Zucker verrühren. Creme auf dem Rührteig verteilen. Die Schattenmorellen abseien und abtropfen lassen.

Fertigstellung:

1. Für die Streusel die Butter in einem Topf zerlassen. In einer Schüssel Mehl und Zucker vermischen. Die zerlassene Butter nach und nach hinzugeben und mithilfe einer Gabel Streusel herstellen.

2. Kirschen auf der Quarkcreme verteilen. Dann die Streusel gleichmäßig darauf geben. Für 45 Min. backen. Komplett erkalten lassen, erst dann aus der Springform lösen.

Gaggerl Ruck-Zuck

Eierlikör-Kuchen

Zubereitungszeit: ca. 20 Min.
Abkühlzeit: 15 Min.
Backzeit: 1 Std.
Für 16 Stücke

Rührteig:
125 g Mehl
125 g Speisestärke
1 Päck. Backpulver
250 g Puderzucker
2 Päck. Vanillezucker
250 ml Speiseöl (Sonnenblumen- oder Rapsöl)
250 ml Eierlikör
5 Eier

Für Guss und Deko:
200 g Vollmilchkuvertüre
Mandel- bzw. Haselnusskrokant

Rührteig:

1. Backofen auf 180 °C Ober-/Unterhitze vorheizen. Eine Guglhupfform mit Butter einfetten und mit Mehl bestäuben.

2. Für den Teig zuerst Mehl mit Backpulver, Speisestärke, Puderzucker und Zucker in einer Schüssel vermischen. Die restlichen Zutaten hinzufügen und alles ca. 1 Min. auf höchster Stufe cremig verrühren. Den Teig in die Guglhupfform füllen und auf einem Rost im Backofen für ca. 60 Min. backen. Eine Stäbchenprobe machen, ob der Teig auch wirklich durch ist. Ansonsten nochmals 5 Min. backen.

Fertigstellung:

1. Den Kuchen nach dem Backen für 15 Min. in der Form stehen lassen. Erst dann auf einen Kuchenrost oder eine Platte stürzen und ganz erkalten lassen.

2. Für die Glasur die Kuvertüre im Wasserbad schmelzen und mit einem Pinsel auf dem Kuchen verteilen. Mit Krokant bestreuen. Wer mag, kann den Kuchen auch nur mit Puderzucker besieben.

Tipp

Sollte ein Guglhupf sich mal nicht aus der Form stürzen lassen, wieder umdrehen.

- Mit einem Holzstäbchen (Schaschlik-Spieß) vom Rand entfernen.
- Die Guglhupfform vorsichtig kurz in ein heißes Wasserbad stellen.

Nuss-Stickerl vom Blech

Nuss-Blechkuchen

Zubereitungszeit: ca. 20 Min.
Abkühlzeit: 10 Min.
Backzeit: 25 Min.
Für 12–15 Stücke

Rührteig:
2 Eier
200 g Zucker
1 Päck. Vanillezucker
⅛ l Milch
1 EL Rum
250 g Mehl
4 TL Backpulver
250 g gemahlene Haselnüsse

Glasur:
150 g Puderzucker
4 EL Wasser
1 EL Nuss-Nougat-Creme

Rührteig:

1. Backofen auf 180 °C Ober-/Unterhitze vorheizen.

2. Eier schaumig rühren. Zucker und Vanillezucker einrieseln lassen und unterrühren.

3. Milch mit Rum dazu geben. Das mit Backpulver vermischte Mehl und die gemahlenen Haselnüsse untermengen. Ein Backblech gut einfetten. Den Teig darauf geben, verstreichen und im Backofen für 25 Min. backen.

4. Kurz auskühlen lassen, in der Zeit die Ruck-Zuck-Glasur vorbereiten.

Glasur:

Dazu Puderzucker mit Wasser in einer Schüssel verrühren. Nuss-Nougat-Creme hinzugeben und unterrühren.

Fertigstellung:

1. Die Glasur auf dem Kuchen verteilen und glatt streichen.

2. Im Kühlschrank komplett erkalten lassen. Dann in Stücke schneiden.

Hoiwa-Bananen-Rolle

Heidelbeer-Bananen-Rolle

Zubereitungszeit: ca. 1 Std.
Abkühlzeit: 10 Min.
Backzeit: 15 Min.
Für 12 Stücke

Biskuit:
4 Eier
4 EL heißes Wasser
150 g Zucker
100 g Mehl
50 g Speisestärke
1 TL Backpulver

Füllung:
200 ml Sahne
200 g Schmand
2 Päck. Sahnesteif
3 Päck. Vanillezucker
1 Banane
150 g Heidelbeeren
Heidelbeermarmelade

Biskuit:

1. Backofen auf 200 °C Ober-/Unterhitze vorheizen.

2. Eier trennen, Eiweiß steif schlagen, Zucker einrieseln lassen und weiterschlagen. Eigelb und heißes Wasser hinzugeben und verrühren. Das mit Backpulver und Speisestärke vermischte Mehl einsieben und unterheben. Den Teig auf ein mit Backpapier belegtes Backblech (30 x 40 cm) streichen und im Ofen für 12–15 Min. backen.

3. Ein sauberes Geschirrtuch auslegen und mit etwas Zucker bestreuen. Den noch heißen Biskuit auf das Tuch stürzen, dann das Backpapier vorsichtig lösen und sofort aufrollen.

4. Ausgekühlt wieder ausrollen.

Füllung:

1. Für die Füllung Sahne mit Sahnesteif steif schlagen. Den Schmand und den Vanillezucker unterrühren.

2. Bananen in kleine Stücke schneiden, Heidelbeeren waschen und abtropfen lassen. Die Früchte vorsichtig unter die Creme mischen.

Fertigstellung:

1. Die Biskuitrolle wieder ausrollen, mit Heidelbeermarmelade bestreichen.

2. Die Creme darauf verteilen, dabei die Ränder frei lassen und vorsichtig wieder aufrollen. Mit Puderzucker besieben.

Omas Zitronenkuacha

Zitronenkuchen

Zubereitungszeit: ca. 30 Min.
Abkühlzeit: 15 Min.
Backzeit: 35 Min.
Für 20 Stücke

Teig:

350 g weiche Butter
350 g Zucker
6 Eier
Saft und Schale von 2 Zitronen
350 g Mehl
1 Päck. Backpulver

Deko:

Puderzuckerglasur

Zubereitung:

1. Backofen auf 180 °C Ober-/Unterhitze vorheizen.
2. Butter schaumig schlagen, Zucker und Eier unterrühren. Das mit Backpulver vermischte Mehl dazu sieben. Zitronensaft und -schale zugeben und alles miteinander verrühren.
3. Ein Backblech ausfetten und etwas bemehlen, den Teig darauf gleichmäßig verteilen und für ca. 35 Min. backen.
4. Nach dem Auskühlen einen Guss aus Puderzucker und Zitronensaft herstellen und den Kuchen damit bestreichen.

Tipp

Dieser Kuchen kann auch toll für einen Kindergeburtstag mit bunten Streuseln garniert werden. Kommt super an!

Niederbayerische Rhabarber-Leckerei

Rhabarber-Tarte

Zubereitungszeit: ca. 1 Std.
Abkühlzeit: 1 Std.
Backzeit: 1 Std.
Für 12 Stücke

Mürbteig:
200 g Mehl
1 Prise Salz
100 g Zucker
150 g weiche Butter

Füllung:
350 g Rhabarber
120 g Zucker
1 Päck. Vanillezucker
250 g Magerquark
250 g Frischkäse
3 Eier
30 g Speisestärke

Mürbteig:

1. Aus Mehl, Salz, Zucker und weicher Butter einen Mürbteig herstellen.

2. Den Ofen auf 180 °C Ober-/Unterhitze vorheizen.

3. Eine Tarte-Form (Ø 26 cm) mit Butter einfetten.

4. Die Tarte mit dem Mürbteig auslegen. Hierfür circa die Hälfte des Teiges auf dem Boden der Form glatt drücken. Aus dem restlichen Teig einen Rand an die Tarte-Form drücken.

Füllung & Fertigstellung:

1. Den Rhabarber schälen, der Länge nach halbieren und in ca. 1 cm dünne Stücke schneiden.

2. Für die Füllung Quark, Frischkäse, Zucker, Vanillezucker, Eier und Speisestärke glattrühren. Auf den Mürbteigboden geben. Mit den Rhabarberstücken belegen.

3. Für 60 Min. im Ofen backen. Danach komplett auskühlen lassen. Am besten über Nacht im Kühlschrank.

Ribisl-Kuacha

Johannisbeer-Baiser-Kuchen

Zubereitungszeit: ca. 45 Min.
Abkühlzeit: 1 Std.
Backzeit: 50 Min.
Für 12 Stücke

Rührteig:
120 g Butter
100 g Zucker
1 Päck. Vanillezucker
2 Eier
2 Eigelb
250 g Mehl
1 Päck. Backpulver

Belag:
400 g Johannisbeeren
2 EL Zucker

Baiser:
2 Eiweiß
120 g Zucker

Rührteig:

1. Johannisbeeren waschen und entstielen.
2. Backofen auf 180 °C Ober-/Unterhitze vorheizen.
3. Für den Rührteig zuerst Butter, Zucker und Vanillezucker mit dem Handrührgerät oder der Küchenmaschine cremig schlagen. Dann 2 Eier und 2 Eigelb hinzugeben und schaumig rühren. Mehl und Backpulver unterrühren.
4. Eine Springform (Ø 26 cm) einfetten und bemehlen. Dann den Teig einfüllen.
5. Die verlesenen Johannisbeeren darauf verteilen, mit 2 EL Zucker bestreuen. Den Kuchen für 30 Min. im vorgeheizten Ofen backen.

Baiser:

In der Zwischenzeit 2 Eiweiß steif schlagen. Zucker einrieseln lassen und cremig schlagen, bis sich der Zucker aufgelöst hat.

Fertigstellung:

1. Nach 30 Min. Backzeit den Baiser auf dem Kuchen verteilen und weitere 20 Min. backen.
2. Wer mag, kann den Kuchen noch mit ein paar Johannisbeer-Rispen verzieren.

„Koa-Back"-Zitronenschnitterl

Zitronenschnittchen (ohne Backen)

Zubereitungszeit: ca. 45 Min.
Abkühlzeit: 4 Std.
Für 12–16 Stücke

Boden (ohne Backen):
400 g Löffelbiskuit
200 g Butter (zerlassen)

Creme:
600 ml Sahne
3 Päck. Sahnesteif
Saft von 4 Zitronen
6 Blatt Gelatine
200 g Doppelrahm-Frischkäse
150 g Zucker
1 Päck. Vanillezucker

Zubereitung:

1. Die Löffelbiskuit in einer Küchenmaschine zermahlen. Die Butter in einem Topf zerlassen.

2. Butter über die Löffelbiskuit geben und miteinander vermischen.

3. Diese Masse nun auf ein Backblech (ca. 20 x 30 cm) streichen und mithilfe eines Glases festdrücken. Für ein ganzes Backblech die doppelte Menge der Zutaten nehmen.

4. Gelatine in kaltem Wasser einweichen. In der Zwischenzeit die Sahne mit Sahnesteif steif schlagen.

5. Frischkäse, Zucker, Vanillezucker und Zitronensaft in einer Schüssel verrühren. Gelatine ausdrücken, in einem Topf erhitzen bis sie sich aufgelöst hat. Etwas von der Frischkäse-Zitronensaft-Masse in den Topf geben und verrühren, dann diese Flüssigkeit über die ganze Masse geben und wieder verrühren. Zum Schluss die Sahne unterheben.

6. Auf dem Löffelbiskuit-Boden verteilen und mindestens 4 Stunden kaltstellen. Mit dünn aufgeschnittenen Zitronenscheiben garnieren.

Zupfkuacha auf Bayerisch

Käsekuchen mit Schokomürbteig

Zubereitungszeit: ca. 1 Std.
Abkühlzeit: über Nacht
Backzeit: 1½ Std.
Für 12–16 Stücke

Mürbteig:
300 g Mehl
30 g Kakao
2 TL Backpulver
150 g Zucker
1 Päck. Vanillezucker
1 Ei
150 g weiche Butter

Käse-Creme:
700 g Frischkäse
3 Eier
40 g Mehl
250 g Zucker

Mürbteig:

Mehl mit Kakao und Backpulver in einer Schüssel mischen. Übrige Zutaten für den Teig hinzufügen und zu einem Knetteig verarbeiten. Den Teig kurz kühl stellen.

Käse-Creme:

In der Zwischenzeit die Käse-Creme zubereiten. Dazu Frischkäse in eine große Schüssel geben und cremig rühren. In einer anderen Schüssel die Eier trennen und das Eiweiß steif schlagen. Dann Zucker, Vanillezucker und Mehl hinzugeben. Zum Schluss die Eigelbe vorsichtig unterrühren.

Fertigstellung:

1. Den Backofen auf 180 °C Ober-/Unterhitze vorheizen.

2. Eine Springform einfetten. Den Mürbteig gleichmäßig verteilen. Am besten knapp ⅔ für den Boden (einen kleinen Teil davon wegnehmen, um für die Deko Kekse ausstechen zu können). Mit dem restlichen Drittel gleichmäßige Stränge drehen und diese an dem Rand der Springform ca. 2,5 cm hochdrücken. Die Käse-Creme darauf verteilen und im vorgeheizten Backofen für 45 Min. backen.

Tipp
Der Kuchen schmeckt am besten, wenn er gut durchgekühlt aus dem Kühlschrank kommt.

3. In der Zwischenzeit mit dem restlichen Teig kleine Formen ausstehen (Herzen, Sterne, Kreise – der Phantasie sind keine Grenzen gesetzt). Nach den 45 Min. den Backofen auf 160 °C reduzieren. Die ausgestochenen Plätzchen auf dem Kuchen verteilen und weitere 30 Min. backen. Nach der Backzeit den Kuchen noch eine ganze Stunde im Ofen bei halb-offener Ofentür stehen lassen. Den Kuchen dann am besten über Nacht im Kühlschrank ziehen lassen und dann aus der Springform lösen.

Zwetschgendatschi

Zwetschgenkuchen (ohne Hefe)

Zubereitungszeit: ca. 45 Min.
Abkühlzeit: 30 Min.
Backzeit: 45 Min.
Für 12–16 Stücke

Rührteig:
200 g Butter
200 g Zucker
1 Päck. Vanillezucker
4 Eier
250 g Mehl
½ Päck. Backpulver

Belag:
500 g Zwetschgen (halbiert oder geviertelt, entsteint)

Streusel:
200 g Mehl
125 g Zucker
150 g Butter
1 TL Zimt

Rührteig:

1. Für den Rührteig zuerst Butter mit Zucker und Vanillezucker cremig rühren, dann die Eier unterrühren. Das mit Backpulver vermischte Mehl ebenfalls unterrühren.
2. Den Teig auf ein gefettetes Backblech geben und verstreichen.
3. Den Backofen auf 180 °C Ober-/Unterhitze vorheizen.
4. Die vorbereiteten Zwetschgen gleichmäßig auf dem Teig verteilen.

Streusel:

1. Für die Streusel zuerst die Butter in einem Topf zerlassen.
2. Mehl mit Zucker und Zimt vermischen. Die Butter langsam dazu geben und mit einer Gabel Streusel bilden.

Fertigstellung:

Den Kuchen für ca. 45 Min. im Ofen backen.

Schneckerl vom Blech

Zimtschnecken

Zubereitungszeit: ca. 1 Std.
Abkühlzeit: 30 Min.
Backzeit: 25 Min.
Für ca. 20 Stücke

Hefeteig:
270 ml Milch
60 g Butter
500 g Mehl
50 g Zucker
1 Päck. Vanillezucker
1 Prise Salz
½ Würfel Hefe

Füllung:
100 g weiche Butter
70 g Zucker
2–3 TL Zimt

Glasur:
70 g Frischkäse
1 EL weiche Butter
1 EL Puderzucker

Hefeteig:

1. Milch mit der Butter in einem Topf erwärmen, bis sich die Butter aufgelöst hat. Mehl mit Zucker, Vanillezucker und Salz in einer Schüssel vermischen. Hefe hinein bröckeln. Die lauwarme Butter-Milch-Mischung hinzugeben und ca. 5 Min. mit einem Knethaken zu einem glatten Teig kneten. 45 Min. zugedeckt ruhen lassen.

2. In der Zwischenzeit ein Backblech (Achtung, wird nicht ganz voll) oder eine runde Auflaufform (Ø 30 cm) einfetten.

3. Den Teig auf einer bemehlten Arbeitsfläche nochmals kurz durchkneten, dann zu einem Rechteck (40 x 30 cm) ausrollen.

Füllung & Fertigstellung:

1. Für die Füllung die Butter mit Zucker und Zimt schaumig rühren. Auf dem Teig verstreichen, dabei 1 cm Rand frei lassen. Von der langen Seite her aufrollen.

2. Mit einem Messer in ca. 3 cm dicke Scheiben schneiden. Diese Scheiben in die vorbereitete Form legen und zugedeckt nochmals 30 Min. ruhen lassen.

3. Den Backofen auf 180 °C Ober-/Unterhitze vorheizen und die Schnecken für ca. 25 Min. backen.

4. Für die Glasur alle Zutaten aufschlagen und mit einem Pinsel auf den noch lauwarmen Zimtschnecken verteilen. Am besten direkt servieren.

Weißer-Regu-Schokokuacha

Weißer Schokokuchen

Zubereitungszeit: ca. 30 Min.
Abkühlzeit: 15 Min.
Backzeit: 40 Min.
Für 15 Stücke

Teig:
150 g weiße Kuvertüre
150 g weiche Butter
100 g Zucker
1 Prise Salz
6 Eier
150 g Mehl
2 TL Backpulver

Überzug:
200 g weiße Schokolade

Teigherstellung:

1. Kuvertüre im Wasserbad schmelzen.
2. Backofen auf 180 °C Ober-/Unterhitze vorheizen.
3. Eine Kastenform gut einfetten und bemehlen.
4. Butter, Zucker und Salz cremig miteinander verrühren. Eier hinzugeben und eine Schaummasse herstellen. Die geschmolzene Schokolade vorsichtig unterrühren.
5. Zum Schluss das mit Backpulver vermischte Mehl hinzugeben und verrühren.

Fertigstellung:

1. Den Teig in die Kastenform füllen, gleichmäßig verstreichen und im Backofen ca. 40 Min. backen. Leicht auskühlen lassen, dann den Kuchen aus der Form lösen.
2. 200 g Kuvertüre im Wasserbad schmelzen und den Kuchen dann damit bestreichen.

Oberpfälzer Woinuss-Kuacha

Walnusskuchen

Zubereitungszeit: ca. 1½ Std.
Abkühlzeit: 30 Min.
Backzeit: 50 Min.
Für 16 Stücke

Zutaten:

6 Eier
200 g Butter
200 g Zucker
1 Päck. Vanillezucker
½ Päck. Backpulver
200 g Walnüsse (gemahlen)
100 g Mehl

Zum Dekorieren:

Zartbitter- oder Vollmilchkuvertüre
Einige Walnüsse

Karamellsoße:

120 g Zucker
50 g Butter
70 ml Sahne
½ TL Salz

Teigherstellung:

Die Butter mit dem Zucker und Vanillezucker cremig rühren. Eier hinzufügen und eine Schaummasse herstellen. Das mit Backpulver vermischte Mehl und die Walnüsse hinzugeben und unterrühren. Eine Springform (Ø 26 cm) einfetten. Den Backofen auf 180 °C Ober-/Unterhitze vorheizen. Den Teig in die Springform füllen und für ca. 50 Min. backen.

Karamellsoße & Fertigstellung:

1. Nach dem Erkalten die Kuvertüre im Wasserbad schmelzen und den Kuchen damit bestreichen.
2. Für die Karamellsoße den Zucker in einem Topf erhitzen bis er sich auflöst.
3. Dann die Butter und die Sahne hinzugeben und kräftig verrühren.
4. Mit dem Salz abschmecken und die Karamellsoße mit einem Löffel über den Kuchen laufen lassen. Mit den Walnüssen dekorieren.

Fantasievolle Torten

Himmlisches Kaas-Törtchen

Käse-Sahne mit Baiserhaube

Zubereitungszeit: ca. 45 Min.
Abkühlzeit: über Nacht
Backzeit: 1 Std. 10 Min.
Für 16 Stücke

Mürbteig:
150 g Mehl
1 gestr. TL Backpulver
65 g Zucker
65 g Butter
1 Ei

Käsecreme:
2 Eigelb
1 Ei
500 g Quark
175 g Zucker
Saft einer Zitrone
1 Päck. Puddingpulver Vanille (zum Kochen für ½ l Milch)
½ l Milch
1 Fläsch. Butter-Vanille-Aroma

Baiserhaube:
2 Eiweiß
50 g Zucker

Mürbteig:

Für den Mürbteig Mehl mit Backpulver mischen. Mit Butter, Zucker und dem Ei zu einem Mürbteig verkneten. Kurz kaltstellen.

Käsecreme:

Für die Käsecreme zwei Eier trennen. Quark, Zucker und den Zitronensaft verrühren. Puddingpulver, Milch, 1 Ei, die 2 Eigelb und das Aroma hinzufügen und unterrühren.

Backen:

1. Eine Springform (Ø 26 cm) einfetten. Den Backofen auf 180 °C Ober-/Unterhitze vorheizen.
2. ⅔ des Mürbteigs als Boden auf der Springform ausrollen. Mit dem Rest eine Rolle formen und ca. 3 cm hoch an den Rand der Springform drücken. Quarkmasse einfüllen. Den Kuchen im vorgeheizten Backofen ca. 60 Min. backen.

Baiserhaube:

1. In der Zwischenzeit 2 Eiweiß steif schlagen. Dabei 50 g Zucker einrieseln lassen. Nach 60 Min. Backzeit die Baisermasse auf den Kuchen streichen. Weitere 10 Min. backen. Danach auskühlen lassen und über Nacht im Kühlschrank komplett erkalten lassen.

2. Die Masse ist sehr weich, sogar noch etwas wabbelig, wird dann aber fest.

3. Vor dem Servieren mit Puderzucker bestäuben.

d'Woidfrucht

Waldfruchttorte

Zubereitungszeit: ca. 4 Std.
Abkühlzeit: über Nacht
Backzeit: 40 Min.
Für 16 Stücke

Biskuit:

6 Eier
200 g Zucker
1 Päck. Vanillezucker
60 g Mehl
50 g Speisestärke
40 g Kakao
75 g Butter

Füllung:

Waldfruchtkonfitüre
800 ml Sahne
250 g Mascarpone
1 Päck. Dessertpulver (Himbeere oder Waldbeere)
1–2 EL Zucker
250–300 g gemischte Beeren (tiefgekühlt)

Biskuit:

1. Für den Biskuit die Eier trennen. Eiweiß steif schlagen. Zucker und Vanillezucker einrieseln lassen und verrühren. Dann die Eigelbe dazu geben und unterrühren.

2. Das mit Stärkemehl vermischte Mehl unterheben. Ebenso den Kakao. Die Butter in einem Topf zerlassen und vorsichtig unter den Teig heben. In eine mit Backpapier belegte Springform (Ø 20 cm) füllen. Im vorgeheizten Backofen bei 180 °C für ca. 40 Min. backen.

3. Nach dem Backen erkalten lassen. Dann in 4 einzelne Böden waagerecht schneiden.

Füllung:

1. Sahne steif schlagen. Dessertpulver einrühren, ebenso den Zucker.

2. Den unteren Tortenboden auf eine Tortenplatte setzen. Einen Backrahmen herum stellen.

3. Den Tortenboden mit 1 EL Waldfruchtkonfitüre bestreichen. ⅓ der Creme darauf verteilen. Ebenso ⅓ der Früchte auf der Creme verteilen. Weiteren Tortenboden darauf setzen, weiter verfahren. Mit einem Tortenboden abschließen. Für mind. 3 Stunden in den Kühlschrank stellen.

Fortsetzung auf der nächsten Seite ▶

Swiss-Meringue-Buttercreme (zum Einstreichen)

6 Eiweiß

300 g Zucker

500 g Butter (Zimmertemperatur)

Dekor:

400 g gemischte Waldfrüchte

Schokolade

Kuvertüre für den Drip

Fertigstellung:

1. Für die Swiss-Meringue-Buttercreme den Zucker zum Eiweiß hinzufügen. Im Wasserbad bei ca. 80–90 °C die Flüssigkeit mit einem Schneebesen immer wieder verrühren, bis sich die Zuckerkristalle aufgelöst haben und die Flüssigkeit ca. 70 °C erreicht hat. Die Eiweiß-Zucker-Masse steif schlagen und gleichzeitig abkühlen lassen. Dann erst die zimmerwarme Butter einrühren und weiter rühren, bis die Creme schön glänzt.

2. Die Torte aus der Form lösen und mit einer ersten Schicht Swiss-Meringue-Creme einstreichen. Für ca. ½ Stunde in den Kühlschrank stellen. Zweite Schicht Creme auf der Torte verteilen und sorgfältig einstreichen.

3. Für den Schokoladendrip die Kuvertüre im Wasserbad schmelzen. Mit einem Löffel oder einer Dripflasche vorsichtig flüssige Schokolade über die Torte laufen lassen.

4. Mit Früchten und Schokolade die Torte verzieren.

Gspinnade Bananen-Tortn

Bananensplit-Torte

Zubereitungszeit: ca. 1½ Std.
Abkühlzeit: 15 Min.
Backzeit: 25 Min.
Für 12 Stücke

Biskuit:
4 Eier
100 g Zucker
2 Päck. Vanillezucker
100 g Mehl
40 g Speisestärke
1 TL Backpulver

Füllung:
800 ml Sahne
4 Sahnesteif
2 Päck. Vanillezucker
50 g Schokostreusel
4 Bananen
Etwas Zitronensaft zum Beträufeln
Aprikosenmarmelade

Biskuit:

1. Für den Biskuit die Eier trennen. Eiweiß steif schlagen. Zucker und Vanillezucker einrieseln lassen und verrühren. Dann die Eigelbe dazu geben und unterrühren.

2. Das mit Stärkemehl und Backpulver vermischte Mehl unterheben. In eine mit Backpapier belegte Springform (Ø 26 cm) füllen. Im vorgeheizten Backofen bei 180 °C für ca. 20–25 Min. backen.

3. Nach dem Backen erkalten lassen. Den Tortenboden 1 x waagerecht durchschneiden.

Füllung:

1. Sahne mit Sahnesteif steif schlagen. Vanillezucker unterrühren. 3 EL der Sahne für die Deko beiseitestellen. Die Schokostreusel unterheben.

2. Die Bananen in dünne Scheiben schneiden und mit dem Zitronensaft beträufeln, damit sie nicht braun werden.

3. Den unteren Tortenboden auf eine Tortenplatte setzen. Einen Backrahmen darum stellen.

Fortsetzung auf der nächsten Seite ▶

Dekor:
100 ml Sahne
150 g Vollmilchkuvertüre
Geleebananen
Weiße Schokostreusel

4. Mit 2 EL Aprikosenmarmelade bestreichen. ¾ der Creme auf dem Tortenboden verteilen. Dann die Bananenscheiben stehend in die Creme drücken. Den zweiten Tortenboden auflegen. Die restliche Sahnecreme darauf verteilen und kurz kühlen.

Fertigstellung:

1. Für die Schokocreme in einem Topf die Sahne kurz zum Kochen bringen. Die Schokolade in kleine Stücke hacken und in eine Schüssel geben. Die heiße Sahne darüber gießen und alles verrühren, bis sich die Schokolade aufgelöst hat. Kurz abkühlen lassen.

2. Die Torte aus dem Tortenring lösen. Mit einem Esslöffel die Schokoladencreme auf der Torte verteilen, dabei darf die Schokolade ruhig über den Rand laufen, sodass ein natürlicher Drip entsteht.

3. Die Torte nochmals kurz kalt stellen. Dann mit Sahnetupfen, Geleebananen und weißen Schokostreuseln (diese können mithilfe eines Gemüsehobels und weißer Blockschokolade selbst hergestellt werden) verzieren.

Niederbayerische Äpfel-Torte

Apfel-Schmand-Torte

Zubereitungszeit: ca. 1½ Std.
Abkühlzeit: 1 Std.
Backzeit: 30 Min.
Für 12 Stücke

Biskuit:
5 Eier
140 g Zucker
1 Päck. Vanillezucker
110 g Mehl
35 g Speisestärke
1 TL Backpulver
60 g gemahlene Nüsse

Füllung:
4 Äpfel
250 ml Apfelsaft
100 g Zucker
1 Päck. Vanillepuddingpulver
250 g Schmand
500 g Sahne
2 EL Zucker
Etwas Zimt

Biskuit:

1. Für den Biskuit die Eier trennen. Eiweiß steif schlagen. Zucker und Vanillezucker einrieseln lassen und verrühren. Dann die Eigelbe dazu geben und unterrühren.

2. Das mit Backpulver und Stärkemehl vermischte Mehl unterheben. Ebenso die gemahlenen Nüsse. In eine mit Backpapier belegte Springform (Ø 24 cm oder Ø 26 cm) füllen. Im vorgeheizten Backofen bei 180 °C für ca. 30 Min. backen.

Füllung:

1. Sahne steif schlagen. Schmand und Zucker unterrühren.

2. Äpfel schälen, vierteln und entkernen. In kleine Stücke schneiden. Zusammen mit dem Apfelsaft weich kochen (ca. 5 EL Saft für den Pudding zum Anrühren übrig lassen). Das Puddingpulver mit dem restlichen Saft und dem Zucker verrühren. Unter die kochende Apfelmasse geben.

Fertigstellung:

Den Tortenboden waagerecht durchschneiden. Um den unteren Boden einen Tortenboden legen, die abgekühlte Apfel-Pudding-Masse darauf verteilen. Dann ⅓ der Schmandcreme auf der Torte verteilen. Den nächsten Tortenboden daraufsetzen. Wieder ⅓ der Schmandcreme darauf verteilen und ca. 1 Stunde kalt stellen. Aus dem Tortenring lösen und die Torte mit der restlichen Schmandcreme, gehackten Haselnüssen und feinen Apfelscheiben verzieren.

O'gstochane Mandel-Tortn

Mandel-Amaretto-Torte

Zubereitungszeit: ca. 3 Std.
Abkühlzeit: 2 Std.
Backzeit: 35 Min.
Für 18 Stücke

Biskuit:

6 Eier
3 EL Amaretto
225 g Zucker
1 Päck. Vanillezucker
150 g Mehl
3 gestrichene TL Backpulver
150 g abgezogene, gemahlene Mandeln

Deko-Fächer:

100 g Butter
50 g Zucker
1 Päck. Vanillezucker
2 EL Sahne
200 g abgezogene, gehobelte Mandeln

Biskuit:

1. Für den Biskuit die Eier trennen. Eiweiß steif schlagen. Zucker und Vanillezucker einrieseln lassen und verrühren. Dann die Eigelbe dazu geben und unterrühren. Amaretto vorsichtig unterrühren.
2. Das mit Backpulver vermischte Mehl sowie die gemahlenen Mandeln unterheben.
3. Den Backofen auf 180 °C Ober-/Unterhitze vorheizen.
4. Den Teig in eine mit Backpapier belegte Springform (Ø 24 cm) füllen und für etwa 35 Min. backen.
5. Den Tortenboden nach dem Erkalten 2 x waagerecht durchschneiden.

Deko-Fächer:

1. Für die Fächer die Butter in einem Topf zerlassen. Zucker und Vanillezucker darin auflösen. Sahne und die gehobelten Mandeln vorsichtig unterrühren.
2. Die Mandelmasse in eine mit Backpapier belegte Springform (Ø 24 cm) geben und ver-

Fortsetzung auf der nächsten Seite ▶

Füllung:

600 ml Sahne

2 Päck. Paradiescreme „Stracciatella“

½ Dose Pfirsichhälften

Aprikosenkonfitüre

Amaretto zum Tränken

Zum Einstreichen:

600 ml Sahne

3 Päck. Sahnesteif

streichen und bei gleicher Backtemperatur 15 Min. backen. Nach dem Backen vorsichtig aus der Form lösen und noch heiß in 18 Tortenstücke schneiden.

Füllung:

1. Für die Füllung die Sahne etwas steif schlagen, dann die Paradiescreme hinzufügen und weitere 2–3 Min. steif schlagen.

2. Die Pfirsichhälften in kleine Stücke schneiden und vorsichtig unter die Stracciatella-Creme mischen.

3. Den unteren Tortenboden auf eine Tortenplatte legen und einen Tortenring darum stellen. Mit Amaretto tränken und 1–2 EL Aprikosenmarmelade darauf verteilen. Die Hälfte der Paradiescreme darauf verteilen. Den zweiten Boden auflegen und etwas festdrücken. Nochmals so verfahren. Die Torte für 1–2 Stunden im Kühlschrank kaltstellen.

4. Die Torte vorsichtig aus dem Tortenring lösen.

Fertigstellung:

1. 600 ml Sahne mit Sahnesteif steif schlagen. Ca. ⅓ für die Sahnetupfen beiseitestellen. Mit dem Rest die Torte gleichmäßig einstreichen.

2. Für die Sahnetupfen die Sahne in einen Spritzbeutel mit Lochtülle füllen und 18 etwa gleich große Spiralen spritzen. Mit den Mandelfächern garnieren.

3. Nach Wunsch können noch geröstete Mandelblätter als Deko verwendet werden.

Knusperte Schoko-Crossies-Torte

Choco-Crossies-Torte

Zubereitungszeit: ca. 2 Std.
Abkühlzeit: 1 Std.
Backzeit: 40 Min.
Für 16 Stücke

Biskuit:

6 Eier
150 g Zucker
1 Päck. Vanillezucker
150 g Mehl
60 g Speisestärke
2 TL Backpulver

Füllung:

800 ml Sahne
4 Päck. Sahnesteif
1 Dose Pfirsichhälften
1 Packung Choco Crossies (2 Päckchen)
3 EL Zucker

Biskuit:

1. Für den Biskuit die Eier trennen. Eiweiß steif schlagen. Zucker einrieseln lassen und verrühren. Dann die Eigelbe dazu geben und unterrühren.

2. Das mit Backpulver und Stärkemehl vermischte Mehl unterheben. Den Biskuit in eine mit Backpapier belegte Springform (Ø 20 cm, Achtung: hohe Springform benutzen) füllen. Im vorgeheizten Backofen bei 180 °C für ca. 40 Min. backen. Aus der Springform lösen und erkalten lassen.

Füllung:

1. Sahne mit Sahnesteif steif schlagen. Zucker unterrühren.

2. Die Choco Crossies entweder mit einem Messer oder mit einer Küchenmaschine in kleine Stücke zerkleinern. Ebenso die abgetropften Pfirsichhälften (etwas Saft auffangen zum Tränken der Torte), dabei 2 Pfirsichhälften für die Deko beiseitenehmen. Alles vorsichtig unter die Sahne rühren.

Fortsetzung auf der nächsten Seite ▶

Deko:

400 ml Sahne

2 Päck. Sahnesteif

Zartbitterkuvertüre (geschmolzen)

Einen Teil der Pfirsichhälften

1 Päck. Choco Crossies

3. Den Tortenboden 3 x waagerecht durchschneiden. Um den unteren Boden einen Tortenboden legen. Mit etwas Pfirsichsaft den Boden tränken. Darauf ⅓ der Choco-Crossies-Sahnecreme verteilen. Den nächsten Tortenboden auflegen und so verfahren, bis die Torte fertig geschichtet ist. Für 1 Stunde kalt stellen, dann aus dem Tortenring lösen.

Fertigstellung:

1. Für die Deko die Sahne mit Sahnesteif steif schlagen. Die Torte mit der Sahne einstreichen.

2. Mit der Schokokuvertüre einen Drip um die Torte machen. Dazu verwendet man am besten eine Drip-Flasche. Es geht aber auch mit einem Löffel.

3. Sahnetupfen auf die Torte spritzen.

4. Die zurückgelegten Pfirsichhälften in Scheiben schneiden und gemeinsam mit den Choco Crossies die Torte verzieren.

COFFEE

Erdbeer-Kokos-Tortn „zum Einlegn“

Erdbeer-Raffaello-Torte

Zubereitungszeit: ca. 3 Std.
Abkühlzeit: 30 Min.
Backzeit: 35 Min.
Für 16 Stücke

Biskuit:
4 Eier
160 g Zucker
Saft einer halben Zitrone
100 g Mehl
60 g Speisestärke
1 geh. TL Backpulver

Füllung:
250 g Erdbeeren
Erdbeermarmelade
1 Packung (ca. 240 g) Raffaellos
400 g Sahne
20 g Zucker
250 g Speisequark
2 Päck. Vanillezucker
3 Päck. Sahnesteif

Biskuit:

1. Für den Biskuit die Eier trennen. Eiweiß steif schlagen. Zucker einrieseln lassen und verrühren. Dann die Eigelbe und den Zitronensaft dazu geben und unterrühren.

2. Das mit Backpulver und Stärkemehl vermischte Mehl unterheben. In eine mit Backpapier belegte Springform (Ø 20 cm, Achtung: hohe Springform benutzen) füllen. Im vorgeheizten Backofen bei 180 °C für ca. 35 Min. backen.

3. Den Tortenboden auskühlen lassen und 3 x waagerecht durchschneiden.

Füllung:

1. Für die Creme die Raffaellos (8 Stück für die Deko beiseitelegen) in einen Gefrierbeutel geben und platt drücken.

2. 250 g Erdbeeren würfeln.

3. Sahne mit Zucker, Vanillezucker und Sahnesteif steif schlagen. Quark hinzufügen. Die Erdbeerstückchen und die zerdrückten Raffaellos untermengen.

Fortsetzung auf der nächsten Seite ▶

Deko:

4 schöne Erdbeeren
400 ml Sahne
2 Päck. Sahnesteif

Fertigstellung:

1. Den ersten Tortenboden auf eine Tortenplatte legen. Mit Erdbeermarmelade bestreichen. ⅓ der Erdbeer-Raffaello-Creme darauf verteilen. Nächsten Boden darauflegen und so bis zum Schluss verfahren. Die Torte kurz kühl stellen.

2. Für die Deko Sahne mit Sahnesteif steif schlagen. Die Erdbeeren halbieren oder vierteln.

3. Die Torte aus der Form lösen, mit Sahne einstreichen. Nach Belieben mit Sahnetupfen, Erdbeeren und Raffaellos dekorieren.

Grea-pinke Pistazien-Tortu

Pistazien-Himbeer-Torte

Zubereitungszeit: ca. 3 Std.
Abkühlzeit: über Nacht
Backzeit: 35 Min.
Für 16 Stücke

Rührteig:
8 Eier
250 g weiche Butter
200 g Zucker
100 g gemahlene Pistazien
270 g Mehl
2 geh. TL Backpulver

Füllung Himbeersahne:
400 g Himbeeren
500 ml Sahne
125 g Mascarpone
1 Pack. Dr. Oetker Tortenhimbeercreme
2 EL Zucker
Himbeerkonfitüre

Rührteig:

1. Den Backofen auf 180 °C Ober-/Unterhitze vorheizen.
2. Für den Rührteig die Pistazien zuerst mahlen. Butter mit Zucker cremig rühren. Die Eier nach und nach unterrühren. Die gemahlenen Pistazien, das Mehl und das Backpulver einsieben und verrühren.
3. Den Teig in eine Springform (Ø 26 cm) füllen und für ca. 35 Minuten backen.
4. Nach dem Abkühlen 3 x waagerecht durchschneiden, sodass sich 4 Tortenböden ergeben.

Füllung Himbeersahne:

1. Für die Himbeersahne die Sahne kurz aufschlagen. Das Dr.-Oetker-Tortenhimbeercremepulver hinzugeben und ca. 2 Min. unterrühren.
2. Mascarpone und Zucker ebenso unterrühren.

Fortsetzung auf der nächsten Seite ▶

Füllung/Deko Pistaziencreme:

200 ml Sahne
125 g Mascarpone
400 g Schmand
4 EL Pistazienaufstrich

Sonstige Deko:

Gehackte Pistazien
100 g frische Himbeeren
Macarons

Füllung Pistaziencreme:

1. Für die Pistaziencreme zuerst die Sahne steif schlagen.

2. Mascarpone, Schmand und den Pistazienaufstrich in einer extra Schüssel gut miteinander verrühren, dann die Sahne vorsichtig unterrühren.

Fertigstellung:

1. Nun den ersten Tortenboden auf eine Tortenplatte legen. Mit 1–2 EL Himbeerkonfitüre bestreichen. Einen Tortenring um die Torte stellen. Die Hälfte der Himbeersahne verteilen. Ein paar frische Himbeeren darauf geben und den zweiten Tortenboden auflegen. Wieder etwas Himbeerkonfitüre verteilen, dieses Mal die Hälfte der Pistaziencreme verteilen und wieder mit Himbeeren und dem Tortenboden abschließen. Als letzte Schicht wieder Himbeerkonfitüre und die zweite Hälfte der Himbeersahne verteilen. Mit Himbeeren und dem letzten Tortenboden schließen.

2. Für mindestens 3–4 Stunden kaltstellen, besser über Nacht.

3. Dann die Torte aus der Form lösen. Einen Teil der Pistaziencreme für Tupfen beiseitestellen, mit dem Rest die Torte einstreichen.

4. Nun noch mit Macarons, frischen Himbeeren, Tupfen und gehackten Pistazien dekorieren.

Bayerische Knusperl-Tortn

Johannisbeer-Knusper-Torte

Zubereitungszeit: ca. 3 Std.
Abkühlzeit: 4 Std.
Backzeit: 40 Min.
Für 16 Stücke

Knusperboden:
200 g Vollmilchkuvertüre
150 g Cornflakes
50 g Haferflocken

Biskuit:
8 Eier
200 g Zucker
1 Päck. Vanillezucker
150 g Mehl
80 g Speisestärke
2 TL Backpulver
50 g Backkakao

Knusperboden:

1. Für den Knusperboden die Kuvertüre in einem Wasserbad schmelzen. Cornflakes und Haferflocken in eine Schüssel geben und vermischen. Die geschmolzene Kuvertüre darüber geben und mithilfe von zwei Löffeln alles vermengen. Auf ein mit Backpapier belegtes Blech mit einem Teelöffel 12 kleine Cornflakes-Häppchen geben.

2. Eine Tortenplatte vorbereiten. Einen Tortenring mit Ø 26 cm darum stellen. Die restliche Cornflakes-Masse hineingeben, gleichmäßig verteilen und mit einem Löffel festdrücken. Kaltstellen.

Biskuit:

1. Für den Biskuit die Eier trennen. Eiweiß steif schlagen, Zucker und Vanillezucker einrieseln lassen. Dann das Eigelb hinzufügen und schaumig rühren. Die trockenen Zutaten Mehl, Backpulver, Speisestärke und Kakao einsieben und vorsichtig unterheben.

Fortsetzung auf der nächsten Seite ▶

Füllung:

Johannisbeergelee
500 g Johannisbeeren
6 EL Zucker
1 Päck. Vanillezucker
250 g Quark
300 ml Sahne
8 Blatt Gelatine

Dekor:

400 g Johannisbeeren
1 Päck. roter Tortenguss
300 ml Sahne
2 Päck. Sahnesteif
1 EL Zucker

2. Den Backofen auf 180 °C Ober-/Unterhitze vorheizen. Eine Springform (Ø 26 cm) mit Backpapier auslegen und den Teig einfüllen. Für 40 Min. backen, danach den Tortenboden erkalten lassen und aus der Springform lösen.

Füllung:

1. Für die Füllung Johannisbeeren waschen, vom Stiel entfernen, pürieren und durch ein feines Sieb streichen, damit keine Kerne in der Creme sind.

2. Gelatine nach Packungsanleitung auflösen.

3. Zu den pürierten Johannisbeeren den Zucker, den Vanillezucker und den Quark hinzufügen. Miteinander verrühren.

4. Dann 3–4 EL der Creme zu der aufgewärmten Gelatine geben, alles miteinander verrühren und die Gelatine dann unter die Creme rühren. In den Kühlschrank stellen, bis die Creme anfängt, dicklich zu werden.

5. In der Zwischenzeit 300 ml Sahne steif schlagen. Sobald die Creme dick wird, die Sahne vorsichtig unter die Creme heben.

Fertigstellung:

1. Den dunklen Tortenboden 2 x waagerecht durchschneiden.

2. Nun die Torte schichten. Den Tortenring um den Cornflakes-Boden stehen lassen. 2 EL der Johannisbeercreme dünn darauf verteilen, dann den ersten Tortenboden drauflegen. 2–3 EL Johannisbeergelee verteilen, dann die Hälfte der Johannisbeercreme. Wieder einen Tortenboden auflegen und nochmals mit Gelee bestreichen,

dann wieder mit der Creme befüllen. Den Abschluss bildet der letzte Tortenboden. Um eine gerade Kante zu bekommen, den oberen Tortenboden verkehrt herum auf die Torte setzen.

3. Von den Johannisbeeren ca. 10 Zweige für die obere Deko wegnehmen. Die restlichen Johannisbeeren ebenfalls entstielen und auf der Torte verteilen. Tortenguss nach Packungsanleitung zubereiten und gleichmäßig auf den Johannisbeeren verteilen.

4. Die Torte nun für mindestens 4 Stunden kühl stellen.

5. Danach aus dem Tortenring lösen.

Dekor:

1. Sahne mit Sahnesteif und Zucker steif schlagen.

2. Die Torte damit seitlich einstreichen und ein paar Tupfen auf die Torte als Dekor machen.

3. Mit den Cornflakes-Häppchen ebenfalls verzieren.

4. Die übrigen Johannisbeeren nun leicht in Wasser, dann in Zucker tauchen und zum Schluss auf die Torte geben.

Tipp

Diese Torte ist etwas aufwendiger, gut vorbereitet ist sie aber in der Johannisbeerzeit ein Hingucker auf jeder Festlichkeit!

Pückler-Torte

Fürst-Pückler-Torte

Zubereitungszeit: ca. 3 Std.
Abkühlzeit: 4 Std.
Backzeit: 25 Min.
Für 16 Stücke

Biskuit:

5 Eier
150 g Zucker
1 Päck. Vanillezucker
100 g Mehl
100 g gemahlene Mandeln

Grundfüllung (bzw. helle Creme):

900 ml Sahne
4 Sahnesteif
200 g Schmand
250 g Quark
2 Päck. Vanillezucker
150 g Puderzucker

Fruchtcreme:

150 g frische oder tiefgefrorene Beeren (Erdbeeren, Himbeeren, Heidelbeeren, etc.)
4 Blätter Gelatine

Biskuit:

1. Die Eier trennen, Eiweiß steif schlagen, Zucker einrieseln lassen, weiter schlagen. Eigelb unterrühren.

2. Backofen auf 180 °C Ober-/Unterhitze vorheizen.

3. Das Mehl einsieben und die gemahlenen Mandeln hinzugeben. Vorsichtig unterheben.

4. Teig in eine vorbereitete Springform mit Ø 24 cm (mit Backpapier ausgelegt) füllen und für ca. 25 Min. backen. Boden in der Form erkalten lassen. Danach aus der Form lösen. Den Boden 1 x waagerecht durchschneiden.

Füllung:

1. Sahne mit Sahnesteif steif schlagen. Restliche Zutaten für die helle Creme hinzufügen und vorsichtig miteinander verrühren.

2. ⅔ der Creme abnehmen und je die Hälfte davon in eine extra Schüssel geben.

3. Für die Fruchtcreme Gelatine nach Packungsanleitung auflösen, die Früchte pürieren, in einem Topf erwärmen und die aufgelöste Gelatine dazugeben. Kurz abkühlen lassen und zu einer der aufgeteilten hellen Cremes geben und vorsichtig unterheben. In den Kühlschrank stellen.

Fortsetzung auf der nächsten Seite ▶

HOME
&
GARDEN

Schokocreme:

100 g Vollmilchkuvertüre

4 Blätter Gelatine

Geleespiegel:

300 g frische oder tiefgefrorene Beeren (Erdbeeren, Himbeeren, Heidelbeeren, etc.)

2 EL Zucker

2 gehäufte EL Speisestärke

Verzierung:

2 Packungen Löffelbiskuits

Ruby-Schokolade (rosa Schokokuvertüre)

200 ml Sahne

1 Päck. Sahnesteif

Trockenblumen, Streusel, Minzblätter

4. Für die Schokocreme die Schokolade im Wasserbad schmelzen. In der Zwischenzeit auch hier die Gelatine nach Packungsanleitung auflösen. Mit der Schokolade vermischen und ebenso vorsichtig zu einer der drei hellen Cremes hinzufügen. Kaltstellen.

5. Für den Geleespiegel die Früchte pürieren, kurz in einem Topf erwärmen, Zucker hinzufügen. Speisestärke in 50 ml Wasser auflösen und zu den pürierten Früchten geben. Aufkochen lassen, bis sich die Masse verdickt, dann vom Herd nehmen.

Fertigstellung:

1. Zum Schichten einen Boden auf eine Tortenplatte legen. Einen Tortenring darum stellen. 3 EL des Geleespiegels darauf verteilen. Schokocreme auf der Torte verteilen. Ca. 10 Min. kaltstellen.

2. Fruchtcreme auf der Torte verteilen. Den zweiten Tortenboden darauflegen und wieder 10 Min. kaltstellen.

3. Die helle Creme darauf verteilen, wieder kaltstellen und zum Schluss das Fruchtpüree auf der Torte verteilen.

4. Die Torte muss nun für mindestens 4 Stunden in den Kühlschrank.

Verzierung:

1. Für die Deko die Torte aus dem Tortenring lösen.

2. Ruby-Schokolade im Wasserbad auflösen. Die Löffelbiskuits in die Schokolade tunken und an die Torte drücken. Sahne mit Sahnesteif steif schlagen und Tupfen auf die Torte spritzen. Mit Trockenblumen und Streuseln garnieren.

Haserl-Tortn

Karottentorte mit Himbeer-Frischkäse-Füllung und Eierlikörspiegel

Zubereitungszeit: ca. 3 Std.
Kühlzeit insgesamt: 1 Std.
Backzeit: 55 Min.
Für 16 Stücke

Rührteig:

300 g weiche Butter
225 g Zucker
6 Eier
1 Päck. Vanillezucker
1 Prise Salz
260 g Mehl
300 g gemahlene Mandeln oder Haselnüsse
3 TL Backpulver
350 g Karotten (geschält und geraspelt)

Vorbereitung:

1. Die Karotten schälen und raspeln oder in einer Küchenmaschine zerkleinern.

2. Eine Springform (Ø 24 cm) mit Backpapier belegen.

3. Backofen auf 180 °C Ober-/Unterhitze vorheizen.

Rührteig:

1. Für den Rührteig zuerst Butter cremig rühren, dann Zucker, Vanillezucker und Salz hinzugeben und weiter rühren. Eier unterrühren und solange rühren, bis eine Schaummasse entstanden ist. Mehl, Mandeln bzw. Haselnüsse, Backpulver und die Karotten hinzufügen und verrühren. Den Teig in die Springform füllen und für ca. 55 Min. backen.

2. Den Kuchen abkühlen lassen, dann 2 x waagerecht durchschneiden.

Fortsetzung auf der nächsten Seite ▶

Füllung:

400 ml Sahne
2 Päck. Sahnesteif
300 g Frischkäse
500 g Mascarpone
100 g Zucker
Saft einer halben Zitrone
Himbeerkonfitüre
250 g frische Himbeeren

Eierlikörspiegel:

250 ml Eierlikör
2 Blatt Gelatine

Deko:

Osterhase
Ostereier
Einige Himbeeren
Gehackte Pistazien
Rosa Lebensmittelfarbe oder Himbeer-Dessert-Cremepulver

Füllung:

1. Für die Creme zuerst die Sahne in einer Schüssel mit Sahnesteif steif schlagen.

2. In einer anderen Schüssel Frischkäse, Mascarpone, Zucker und Zitronensaft miteinander verrühren. Zum Schluss die Schlagsahne vorsichtig unterheben.

Fertigstellung:

1. Schichten der Torte: Den unteren Tortenboden auf eine Tortenplatte setzen. Mit etwas Himbeerkonfitüre bestreichen. Einen Tortenring darum stellen. ⅓ der Creme darauf verteilen. Dann circa die Hälfte der Himbeeren gleichmäßig verteilen und den nächsten Tortenboden darauflegen. Wieder so verfahren. Ein paar Himbeeren für die Deko beiseitelegen. Den letzten Tortenboden auflegen.

2. Gelatine einweichen. Eierlikör in einem Topf leicht erwärmen, Gelatine darin auflösen. Auf der Torte verteilen. Für 20 Min. im Kühlschrank kühlen. Dann den Tortenring lösen und mit dem Rest der Creme seitlich einstreichen. Auf der Torte Tupfen verteilen. Für rosafarbige Tupfen ein klein bisschen der Creme entweder mit Lebensmittelfarbe einfärben oder mit etwas Himbeer-Dessert-Cremepulver vermischen. Mittig auf die Torte einen Schokohasen setzen, diesen mit Ostereiern, Sahnetupfen und gehackten Pistazien verzieren.

Herzerltortn

Milka-Herzen-Torte

Zubereitungszeit: ca. 3 Std.
Abkühlzeit: 15 Min.
Backzeit: 45 Min.
Für 15 Stücke

Biskuit:
6 Eier
150 g Zucker
100 g Haselnüsse (gemahlen)
20 g Semmelbrösel
80 g Mehl
1 TL Backpulver
15 Milka-Herzen (Haselnuss)

Füllung:
Rum zum Tränken
Erdbeermarmelade
500 g Erdbeeren
800 ml Sahne
4 Päck. Sahnesteif
250 g Frischkäse
3 EL Zucker
2 Päck. Vanillezucker

Biskuit:

1. Backofen auf 180 °C Ober-/Unterhitze vorheizen.
2. Die Milka-Herzen in kleine Stücke hacken.
3. Eine Springform mit Ø 24 cm mit Backpapier vorbereiten. Eier trennen, Eiweiß steif schlagen, Zucker einrieseln lassen und verrühren. Eigelb hinzufügen und eine Schaummasse herstellen.
4. Das mit Backpulver vermischte Mehl einsieben, Semmelbrösel, Haselnüsse und die Milka-Herz-Stückchen vorsichtig hinzugeben und alles unterheben.
5. Den Teig in die Springform füllen und 45 Min. backen.
6. Nach dem Abkühlen 1 x waagerecht durchschneiden.

Füllung:

1. Für die Füllung zuerst die schönen großen Erdbeeren in ca. 1 cm dicke Scheiben schneiden.
2. 4 Erdbeeren zusätzlich für die Deko vierteln.
3. Sahne mit Sahnesteif steif schlagen. Frischkäse, Zucker und Vanillezucker unterrühren. ⅓ der Sahne für die Deko aufheben.

Fortsetzung auf der nächsten Seite ▶

Deko:

Erdbeeren, Milka-Herzen (16 Stück – am besten 2 Packungen kaufen)

Fertigstellung:

1. Den unteren Tortenboden auf eine Tortenplatte legen, eine Springform darum stellen. Mit Rum tränken. 2 EL Erdbeermarmelade darauf verstreichen. Etwas Sahne darauf streichen. Nun die vorbereiteten Erdbeerscheiben von innen, stehend an den Tortenring legen.

2. Alle noch übrigen Erdbeeren und Erdbeerscheiben in kleine Stücke schneiden und unter die Sahnecreme mischen. Die Creme auf dem Tortenboden verteilen.

3. Dann den zweiten Tortenboden auflegen. Den Tortenring vorsichtig nach oben abziehen. Nun kann die Torte mit der restlichen Sahne oben eingestrichen werden. Mit Milka-Herzen, Sahnetupfen und den Erdbeervierteln verzieren.

Tutti-Frutti

Exotische-Früchte-Torte

Zubereitungszeit: ca. 2 Std.
Abkühlzeit: 4 Std.
Backzeit: 30 Min.
Für 16 Stücke

Vanillebiskuit:
5 Eier
125 g Zucker
3 Päck. Vanillezucker
125 g Mehl
50 g Speisestärke
2 TL Backpulver

Füllung:
Aprikosenkonfitüre
Exotische Früchte
10 Blatt Gelatine
450 g Joghurt
180 g Zucker
1 Päck. Vanillezucker
Saft und Schale von 3 Zitronen
400 ml Sahne

Vanillebiskuit:

1. Backofen auf 180 °C Ober-/Unterhitze vorheizen. Eine Springform mit Ø 26 cm mit Backpapier auslegen. Eier trennen. Eiweiß steif schlagen. Zucker und Vanillezucker einrieseln lassen und schaumig rühren. Eigelb unterrühren. Das Mehl, Backpulver und die Speisestärke einsieben und vorsichtig unterheben.

2. In die vorbereitete Springform füllen und für 25–30 Min. backen. Aus der Springform lösen und erkalten lassen.

Füllung:

1. Für die Füllung die Gelatine in kaltem Wasser einweichen. Joghurt mit Zucker, Vanillezucker, Zitronensaft und Schale verrühren. Sahne steif schlagen. Gelatine nach Packungsanleitung auflösen. Erst etwa 3 EL der Joghurtmasse mithilfe eines Schneebesens in die Gelatine einrühren, dann mit der übrigen Masse verrühren. Kurz in den Kühlschrank stellen, bis die Masse zu gelieren beginnt. Die Sahne vorsichtig unterheben.

2. Ca. 400 g Früchte für die Füllung vorbereiten (wenn nötig in kleine Stücke schneiden).

Fortsetzung auf der nächsten Seite ▶

Belag und Deko:

200 ml Sahne

1 Päck. Sahnesteif

Exotische Früchte nach Belieben

Waffelröllchen (etwa 2–3 Packungen)

Weiße Schokolade

Fertigstellung:

1. Den Tortenboden 2 x waagerecht durchschneiden. Den unteren Tortenboden auf eine Tortenplatte legen. Mit Aprikosenkonfitüre bestreichen. Einen Tortenring darum stellen. Die Hälfte der Joghurtcreme darauf verteilen, ebenso die Hälfte der vorbereiteten Früchte. Zweiten Tortenboden auflegen und wieder so verfahren. Mit dem dritten Tortenboden abschließen. Die Torte nun für mindestens 4 Std. in den Kühlschrank stellen.

2. 200 ml Sahne mit Sahnesteif steif schlagen. Die Torte aus der Form lösen. Mit der Sahne dünn einstreichen.

3. Weiße Kuvertüre im Wasserbad schmelzen. Die Waffelröllchen mit der Spitze in die flüssige Schokolade tauchen, dann ein Röllchen nach dem anderen an den Tortenrand setzen. Wenn der Rand fertig ist, für ca. 10 Min. in den Kühlschrank stellen.

4. Zum Schluss kann die Torte beliebig mit exotischen Früchten garniert werden.

Himbeer-Staberl-Tortn

Himbeer-Schoko-Torte

Zubereitungszeit: ca. 3 Std.
Abkühlzeit: mind. 4 Std.
Backzeit: 55 Min.
Für 16 Stücke

Schokobiskuit:

6 Eier
200 g Zucker
1 Päck. Vanillezucker
60 g Mehl
50 g Speisestärke
40 g Kakao
75 g Butter (zerlassen)

Mürbteig:

1 Ei
50 g Butter
50 g Zucker
125 g Mehl

Schokobiskuit:

1. Für den Biskuit die Eier trennen. Eiweiß steif schlagen. Zucker einrieseln lassen und verrühren. Dann die Eigelbe dazu geben und unterrühren.

2. Das mit Backpulver und Stärkemehl vermischte Mehl unterheben. Ebenso den Kakao. Die Butter in einem Topf zerlassen und vorsichtig tröpfchenweise in den Biskuit unterheben, dadurch wird er viel saftiger. In eine mit Backpapier belegte Springform (Ø 22 cm) füllen. Im vorgeheizten Backofen bei 180 °C für ca. 40 Min. backen. Nach dem Backen waagerecht in 3 Böden schneiden.

Mürbteig:

Für den Mürbteig alle Zutaten zu einem Knetteig verarbeiten. Ebenfalls in einer mit Backpapier belegten Springform (Ø 22 cm) für 15 Min. bei 180 °C backen.

Fortsetzung auf der nächsten Seite ▶

Füllung:

800 ml Sahne

300 g Vollmilchkuvertüre

4 Päck. Sahnesteif

1 Glas Himbeerkonfitüre

600 g Himbeeren (für die Füllung kann man gefrorene Himbeeren verwenden, für die Deko benötigt man ca. 250 g frische Himbeeren)

Sonstiges:

2 Pack. Mikadostäbchen für die Verzierung

Füllung:

1. Für die Füllung Sahne in einem Topf erhitzen, Kuvertüre hinzugeben und verrühren bis sich die Schokolade aufgelöst hat. In eine Rührschüssel geben und am besten über Nacht in den Kühlschrank zum Abkühlen stellen.

2. Am nächsten Tag die Schokosahne mit Sahnesteif mit einem Rührgerät steif schlagen.

Fertigstellung:

1. Den Mürbteig auf eine Tortenplatte setzen. Etwas Konfitüre darauf verteilen und den ersten Tortenboden auflegen. Einen Tortenring darum setzen.

2. 1 EL Konfitüre verteilen, die Schokosahne darauf geben und Himbeeren darauf verteilen.

3. Den zweiten Tortenboden daraufsetzen und so fortfahren, bis eine Schicht Schokosahne die Torte schließt. Für ca. 4 Stunden in den Kühlschrank stellen.

4. Tortenring lösen und seitlich mit Mikadostäbchen verzieren. Als Topping die restlichen frischen Himbeeren verwenden.

Bayerisch-Creme-Torte

Vanillecremetorte

Zubereitungszeit: ca. 3 Std.
Abkühlzeit: 1 Std.
Backzeit: 40 Min.
Für 16 Stücke

Biskuit:
6 Eier
150 g Zucker
1 Päck. Vanillezucker
150 g Mehl
60 g Speisestärke
2 TL Backpulver

Füllung:
500 ml Sahne
5 Päck. Vanillezucker
400 g Vanillepudding (selbst gemacht oder aus dem Kühlregal)
6 Blatt Gelatine
Erdbeeren, Himbeeren, Heidelbeeren, Brombeeren
Himbeerkonfitüre

Biskuit:

1. Backofen auf 180 °C Ober-/Unterhitze vorheizen. Eine Springform mit Ø 26 cm mit Backpapier auslegen. Eier trennen. Eiweiß steif schlagen. Zucker und Vanillezucker einrieseln lassen und schaumig rühren. Eigelb unterrühren. Das Mehl, Backpulver und die Speisestärke einsieben und vorsichtig unterheben. In die vorbereitete Springform füllen und für 25–30 Min. backen. Aus der Springform lösen und erkalten lassen.

Füllung:

1. Für die Creme Sahne steif schlagen, Vanillezucker hinzufügen.

2. Gelatine in kaltes Wasser legen, nach Packungsanleitung auflösen. 3 EL des Vanillepuddings mithilfe eines Schneebesens in die Gelatine rühren, danach den restlichen Pudding einrühren. Kurz kaltstellen. Sahne vorsichtig unter den Vanillepudding heben.

Fortsetzung auf der nächsten Seite ▶

Dekoration:

600 ml Sahne

3 Päck. Sahnesteif

2 EL Zucker

Weiße Kuvertüre

Erdbeeren, Himbeeren, Heidelbeeren, Brombeeren

Etwas Puderzucker

Fertigstellung:

1. Den Tortenboden 2 x waagerecht durchschneiden. Unteren Boden auf eine Tortenplatte setzen. Mit 2 EL Konfitüre bestreichen, einen Tortenring um die Torte stellen.

2. Die Hälfte der Vanillecreme auf der Torte verteilen, mit Früchten belegen. Zweiten Tortenboden auflegen, wieder mit Marmelade, Vanillecreme und Früchten in der Reihenfolge schichten.

3. Letzten Tortenboden auflegen, für mindestens 4 Stunden in den Kühlschrank stellen.

Dekoration:

1. Sahne mit Sahnesteif steif schlagen. Zucker unterrühren. Die Torte damit sorgfältig einstreichen.

2. Weiße Kuvertüre im Wasserbad schmelzen. Am besten mithilfe einer Dripflasche oder mit einem kleinen Löffel einen Drip auf die Torte machen.

3. Oben auf der Torte den Drip schneckenförmig bis zur Mitte hin verzieren. Mit Erdbeeren, Himbeeren, Heidelbeeren und Brombeeren verzieren. Mit etwas Puderzucker bestreuen.

Süße Hoiwerl-Tortn

Heidelbeer-Joghurt-Torte

Zubereitungszeit: ca. 2 Std.
Abkühlzeit: 4 Std.
Backzeit: 30 Min.
Für 12 Stücke

Biskuit:
6 Eier
150 g Zucker
1 Päck. Vanillezucker
60 g Mandeln
100 g Mehl
60 g Speisestärke
2 TL Backpulver

Füllung und Fruchtspiegel:
600 g Heidelbeeren
1 Glas Heidelbeerkonfitüre

500 ml Sahne
250 g Naturjoghurt
3 EL Zucker
1 Päck. Vanillezucker
6 Blatt Gelatine

1 Päck. Tortenguss (klar)

Schokokekse (für die Deko)

Biskuit:

1. Den Backofen auf 180 °C Ober-/Unterhitze vorheizen. Die Eier trennen, Eiweiß steif schlagen. Zucker und Vanillezucker einrieseln lassen und unterrühren. Eigelbe hinzugeben und einen schönen Schaumteig herstellen. Das mit Backpulver vermischte Mehl und die Speisestärke einsieben. Die Mandeln hinzufügen. Alles vorsichtig unterheben.

2. Den Teig in eine mit Backpapier belegte Springform (Ø 26 cm) füllen und für 25–30 Min. backen.

3. Nach dem Auskühlen 1 x waagerecht durchschneiden.

Füllung:

1. Für die Füllung und den Fruchtspiegel 500 g Heidelbeeren pürieren. Sahne steif schlagen (3 EL für die Deko wegnehmen).

2. Gelatine einweichen. In einer Schüssel Naturjoghurt, Zucker und Vanillezucker verrühren. Die Hälfte der pürierten Heidelbeeren hinzugeben. Gelatine nach Packungsanleitung auflösen und zur Joghurt-Heidelbeer-Masse geben. Im Kühlschrank kaltstellen, bis sie andickt. Vorsichtig unter die Schlagsahne heben.

Fertigstellung:

1. Den unteren Tortenboden auf eine Tortenplatte legen. Einen Tortenring darum stellen.

2. Mit 3 EL Heidelbeerkonfitüre bestreichen. Die Joghurt-Heidelbeer-Creme darauf geben, zweiten Tortenboden auflegen. Für den Fruchtspiegel die pürierten Heidelbeeren, 3 EL Heidelbeerkonfitüre und 300 ml Wasser in einem Topf mit dem Tortenguss glatt rühren und aufkochen lassen. Vorsichtig auf dem Tortenboden verteilen. Mit einigen Heidelbeeren belegen.

3. Sobald der Tortenguss fest geworden ist, kann mit Schlagsahne, den restlichen Heidelbeeren und Schokolade der Wahl die Torte dekoriert werden. Für mind. 4 Std. (am besten über Nacht) in den Kühlschrank stellen. Erst dann aus dem Tortenring lösen.

Bettis Landhaustraum

Brombeer-Schmand-Torte

Zubereitungszeit: ca. 4 Std.
Abkühlzeit: 4 Std.
Backzeit: 2 x 25 Min.
Für 16 Stücke

Heller und dunkler Biskuit:
6 Eier
150 g Zucker
1 Päck. Vanillezucker
130 g Mehl
60 g Speisestärke
20 g Kakao
2 TL Backpulver

Füllung:
Brombeer- oder Waldbeerenkonfitüre
500 ml Sahne
200 g Schmand
250 g Brombeeren (ein paar für die Deko beiseitelegen)
6 Blatt Gelatine
50 g Zucker
2 Päck. Vanillezucker

Heller und dunkler Biskuit:

1. Backofen auf 180 °C Ober-/Unterhitze vorheizen. Eine Springform mit Ø 20 cm vorbereiten.

2. Eier trennen, Eiweiß steif schlagen. Den Zucker und Vanillezucker einrieseln lassen und unterrühren. Ebenso das Eigelb hinzufügen und unterrühren. Den Teig dann in zwei Schüsseln aufteilen.

3. Für den hellen Biskuit 75 g Mehl, 30 g Speisestärke und 1 TL Backpulver mischen, einsieben und vorsichtig unterheben.

4. Für den dunklen Biskuit 55 g Mehl, 30 g Speisestärke, 1 TL Backpulver und 20 g Kakao mischen, einsieben und vorsichtig unterheben.

5. Nun einen Biskuit in die Springform füllen und 25 Min. backen. Nach der Backzeit aus der Form lösen und den zweiten Biskuit ebenfalls 25 Min. backen. Genauso können zwei Springformen gleichzeitig gefüllt werden und zusammen bei gleicher Zeit gebacken werden.

6. Die Tortenböden nach dem Auskühlen 1 x waagerecht durchschneiden. Den ersten hellen Boden auf eine Tortenplatte legen und einen Tortenrahmen darum stellen.

Fortsetzung auf der nächsten Seite ▶

Deko:

400 ml Sahne

2 Päck. Sahnesteif

Weißer Schokoladendrip

Rosmarinzweige

Stiefmütterchen (wären sogar essbar) oder Lavendel (frisch oder getrocknet)

Brombeeren

Füllung:

1. Für die Füllung Sahne mit Sahnesteif steif schlagen.

2. Die Brombeeren pürieren. Gelatine nach Packungsanleitung einweichen und auflösen. Den Schmand in eine große Schüssel geben, den Zucker und die pürierten Brombeeren hinzugeben und verrühren. Die aufgelöste Gelatine nach und nach dazu geben und unterrühren. Diese Masse nun einige Minuten in den Kühlschrank stellen, bis sie anfängt anzudicken. Danach die geschlagene Sahne vorsichtig unterheben.

Fertigstellung:

1. Auf den ersten Tortenboden 2 EL Konfitüre geben. ⅓ der Brombeercreme darauf verteilen. Als nächstes einen der dunklen Tortenböden darauflegen. Wieder 2 EL Brombeerkonfitüre darauf verstreichen. Wieder ⅓ der Brombeercreme darauf verteilen. Als Nächstes einen hellen Tortenboden darauflegen und so weiter verfahren.

2. Die Torte für mindestens 3 Std. (am besten über Nacht) in den Kühlschrank stellen.

3. Aus dem Tortenring lösen.

4. Für die Deko Sahne mit Sahnesteif steif schlagen. Die Torte damit dünn einstreichen, nur so viel damit man noch die Tortenböden erkennen kann und vielleicht sogar etwas von der lilafarbigen Creme. Weiße Schokolade im Wasserbad schmelzen und als Drip über die Torte geben. Hierzu eignet sich perfekt eine Dripflasche.

5. Mit frischen Blumen wie Stiefmütterchen oder mit Lavendel, Rosmarin und frischen Brombeeren die Torte dekorieren.

A Trumm vom Himme

Rhabarber-Baiser-Torte

Zubereitungszeit: ca. 2 Std.
Abkühlzeit: 3 Std.
Backzeit: 1 Std.
Für 12 Stücke

Rührteig:
6 Eigelb
180 g weiche Butter
180 g Zucker
1 Prise Salz
220 g Mehl
3 TL Backpulver
5 EL Milch

Baisermasse:
6 Eiweiß
200 g Zucker
2 Päck. Vanillezucker

Füllung:
500 g Rhabarber
5 EL Gelierzucker
1 Päck. Vanillepuddingpulver
4 EL Milch
600 ml Sahne
3 Päck. Sahnesteif
2 EL Zucker

Rührteig & Baisermasse:

1. Die Eier trennen. Für den Rührteig zuerst Butter, Zucker und Salz cremig rühren. Eigelb hinzufügen und eine Schaummasse herstellen. Das mit Backpulver vermischte Mehl hinzugeben und vorsichtig unterziehen. Den Teig halbieren und in je eine mit Backpapier ausgelegte Springform (Ø 24 cm) geben und verstreichen.

2. Das Eiweiß steif schlagen und Zucker und Vanillezucker einrühren. Diese Masse ebenfalls halbieren und vorsichtig auf den Rührteig streichen.

3. Die Böden nacheinander bei 180 °C Ober-/Unterhitze für je 30 Min. backen.

Füllung:

1. In der Zwischenzeit den Rhabarber waschen, schälen und in kleine Stücke schneiden. Mit dem Gelierzucker und ca. 2 EL Wasser weichkochen. Vanillepudding nach Packungsanleitung anrühren und zu dem heißen Rhabarberkompott geben. Aufkochen und abkühlen lassen.

2. Den ersten Boden auf eine Tortenplatte setzen und einen Tortenring darum stellen. Die etwas abgekühlte Rhabarbermasse darauf verteilen und kühl stellen.

Fertigstellung:

1. Sahne mit Sahnesteif und Zucker steif schlagen. Auf dem bereits abgekühlten Kuchen verteilen, dabei etwa 3 EL für die Deko beiseitelegen.

2. Den oberen Tortenboden in 12 Stücke schneiden und vorsichtig innerhalb des Tortenrings auf die Sahnecreme legen. Nochmals für mindestens 2 Stunden kühl stellen.

3. Erst dann aus der Form lösen und mit der restlichen Sahne garnieren.

Adventliche Spekulatius-Torte

Spekulatiustorte

Zubereitungszeit: ca. 3 Std.
Abkühlzeit: 1 Std.
Backzeit: 40 Min.
Für 16 Stücke

Biskuit:
6 Eier
150 g Zucker
1 Päck. Vanillezucker
150 g Mehl
60 g Speisestärke
2 TL Backpulver

Füllung & Deko:
1 l Sahne
250 ml Mascarpone
4 Päck. Sahnesteif
1 Pack. Spekulatius
1 Glas Wildpreiselbeeren

Biskuit:

1. Den Backofen auf 180 °C Ober-/Unterhitze vorheizen. Eine Springform (Ø 22 cm, Achtung: hohe Springform benutzen) mit Backpapier auslegen.

2. Die Eier trennen. Eiweiß steif schlagen, Zucker und Vanillezucker einrieseln lassen und schaumig rühren. Eigelb unterrühren. Das Mehl, Backpulver und die Speisestärke einsieben und vorsichtig unterheben. In die Springform füllen und für ca. 40 Min. backen. Aus der Springform lösen und erkalten lassen.

3. Den Boden 3 x waagerecht durchschneiden, sodass 4 Böden entstehen.

Füllung & Deko:

1. Für die Füllung die Spekulatius in einer Küchenmaschine klein mahlen (15 Stück für die Deko beiseitelegen).

2. Die Sahne mit Sahnesteif steif schlagen. Mascarpone und die gemahlenen Spekulatius vorsichtig unterrühren.

Fortsetzung auf der nächsten Seite ▶

Fertigstellung:

1. Den ersten Tortenboden mit 2 EL Wildpreiselbeergelee bestreichen. Einen Backrahmen darum stellen und ein Viertel der Creme darauf verteilen. Den nächsten Boden darauflegen und so bis zum letzten Tortenboden verfahren.

2. Ca. 1 Std. kühlen, dann den Backrahmen abnehmen und mit der restlichen Creme außen bestreichen (einen Teil für die Tupfen wegnehmen).

3. Um den Tortenrand Spekulatius legen und vorsichtig festdrücken. Nach Belieben dekorieren und mit etwas Zimt bestäuben.

Christkindl-Torte

Weihnachtstorte „Winterduft"

Zubereitungszeit: ca. 3 Std.
Abkühlzeit: 2 Std.
Backzeit: 40 Min.
Für 18 Stücke

Biskuit:
8 Eier
200 g Zucker
1 Päck. Vanillezucker
200 g Mehl
40 g Speisestärke
1 TL Backpulver
80 g Kokosflocken

Füllung:
Amaretto zum Tränken
Sauerkirschkonfitüre
1 Glas Schattenmorellen
200 g Marzipanrohmasse
1 l Sahne
4 Päck. Sahnesteif
2 EL Zucker
50 g Kokosflocken

Biskuit:

1. Den Backofen auf 180 °C Ober-/Unterhitze vorheizen. Eine Springform (Ø 26 cm, Achtung: hohe Springform benutzen) mit Backpapier auslegen.

2. Die Eier trennen. Eiweiß steif schlagen, Zucker und Vanillezucker einrieseln lassen und schaumig rühren. Eigelb unterrühren. Das Mehl, Backpulver und die Speisestärke einsieben und vorsichtig unterheben. Die Kokosflocken ebenso vorsichtig unterheben. In die Springform füllen und für ca. 40 Min. backen. Aus der Springform lösen und erkalten lassen.

3. Den Boden 3 x waagerecht durchschneiden, sodass 4 Böden entstehen.

Füllung:

1. Das Marzipan in zwei Teile teilen und je eine runde Platte ausrollen. Am besten mit der Springform einen großen Kreis ausstechen.

2. Die Sahne mit Sahnesteif steif schlagen, Zucker und Kokosraspeln vorsichtig unterrühren.

3. Schattenmorellen in einem Sieb abtropfen lassen.

Fortsetzung auf der nächsten Seite ▶

Deko:
400 ml Sahne
2 Päck. Sahnesteif
Rosmarinzweige
Zimtsterne
Schokoladendrip
Belegkirschen
Goldstreusel

Fertigstellung:

1. Den unteren Boden mit etwas Amaretto tränken. Darauf 1–2 EL Sauerkirschkonfitüre streichen. Die erste Marzipandecke auflegen. Die Springform um die Torte stellen und ⅓ der Sahne darauf verteilen. Ebenso ⅓ der Schattenmorellen. Den nächsten Tortenboden auflegen, wieder tränken, mit Sauerkirschkonfitüre bestreichen, hier aber gleich mit Sahne und Kirschen weiter belegen. Den dritten Boden auflegen, mit Amaretto tränken, mit Konfitüre bestreichen, die zweite Marzipandecke darauflegen und mit Sahne und Kirschen füllen. Den letzten Tortenboden darauflegen und für 2 Std. in den Kühlschrank stellen.

2. Aus der Springform lösen. 400 ml Sahne mit Sahnesteif steif schlagen. Die Torte damit gleichmäßig einstreichen (etwas Sahne für die Deko zur Seite legen).

3. Schokolade am besten in einer Dripflasche erwärmen und die Torte damit verzieren.

4. Kurz antrocknen lassen, dann kann die Torte beliebig mit Sahne, Zimtsternen, Belegkirschen und Rosmarin verziert werden.

Kreatives Gebäck

Betthupferl

Mürbteig-Marzipan-Stangen

Zubereitungszeit: ca. 1½ Std.
Abkühlzeit: 10 Min.
Backzeit: 10 Min. je Blech
Für ca. 30 Stück

Mürbteig:
500 g Mehl
240 g Zucker
1 Päck. Vanillezucker
125 g gemahlene Mandeln
250 g Butter
2 Eier

Füllung:
200 g Marzipanrohmasse
Kirschkonfitüre

Dekor:
Vollmilch- und
weiße Schokokuvertüre

Mürbteig:

1. Die Zutaten für den Mürbteig zu einem Knetteig verarbeiten. Portionsweise auf einer bemehlten Arbeitsfläche dünn ausrollen und mit dem Messer schmale Streifen schneiden (ca. 2 x 7 cm). Den Backofen auf 180 °C Ober-/ Unterhitze vorheizen.

2. Die Streifen auf ein mit Backpapier belegtes Backblech legen und für 10 Min. im Ofen backen. Nach dem Backen abkühlen lassen.

Füllung:

1. Das Marzipan auf einer mit Puderzucker bestäubten Arbeitsfläche ausrollen, ebenfalls Marzipanstreifen in der gleichen Größe ausschneiden.

2. Dann je ein Plätzchen mit Konfitüre bestreichen, einen Marzipanstreifen darauf legen, wieder mit Konfitüre bestreichen und mit einem zweiten Plätzchen schließen.

Fertigstellung:

1. In zwei Töpfen je ein Wasserbad ansetzen und die Vollmilchkuvertüre, genauso wie die weiße Kuvertüre darin schmelzen.

2. Mithilfe einer Gabel dann Schokoladenfäden auf den Stangen verzieren.

Home is
WHEREVER
I'm with
you

Tipp

Die Cupcakes können auch mit jedem anderen beliebigen Obst ersetzt werden. Hier einfach das Erdbeerpüree gegen anderes Obstpüree und andere Deko austauschen!

Erdbeer-Wutzala

Erdbeer-Cupcakes

Zubereitungszeit: ca. 1 Std.
Abkühlzeit: 15 Min.
Backzeit: 15 Min.
Für 12 Stück

Muffinteig:

100 g weiche Butter
4 Eier
120 g Zucker
100 g Mehl
2 Päck. Vanillepuddingpulver
3 TL Backpulver
3 EL Sahne

Frosting:

3 EL Erdbeerpüree (ca. 6 Erdbeeren)
200 ml Sahne
1 Päck. Sahnesteif
150 g Frischkäse
50 g weiche Butter
150 g Puderzucker

Dekor:

100 g Erdbeeren (geviertelt)
Süßigkeiten, Schokolade etc.

Muffinteig:

1. Den Backofen auf 180 °C Ober-/Unterhitze vorheizen. Für den Teig zuerst Butter cremig rühren, dann den Zucker und die Eier unterrühren und eine Schaummasse herstellen. Mehl, Backpulver und Puddingpulver unterrühren. Den Teig in eine Muffinform für 12 Muffins geben und für ca. 15 Min. backen.

Frosting:

1. Für die Creme zuerst die Sahne mit Sahnesteif steif schlagen. In einer anderen Schüssel die Butter sehr cremig rühren, dann Frischkäse, Puderzucker und zum Schluss das Fruchtpüree unterrühren.
2. Die Sahne vorsichtig unterheben.

Fertigstellung:

Mit einem Spritzbeutel schöne große Tuffs auf die Muffins spritzen und mit Erdbeeren und Süßigkeiten verzieren.

Gloane Amerikanerl

Mini-Amerikaner

Zubereitungszeit: ca. 1 Std.
Abkühlzeit: 15 Min.
Backzeit: 10 Min.
Für ca. 30–40 Stück

Teig:

125 g weiche Butter
175 g Zucker
3 Eier
¼ l Milch
1 TL Rum bzw. Rum-Aroma
500 g Mehl
1 Päck. Backpulver

Glasur:

Puderzuckerglasur oder Vollmilchschokolade
Streusel

Teigherstellung:

1. Backofen auf 200 °C Ober-/Unterhitze vorheizen.
2. Butter und Zucker cremig rühren. Eier hinzugeben und schaumig rühren. Milch und Rum bzw. Rum-Aroma unterrühren. Das mit Backpulver vermischte Mehl untermengen.
3. Ein oder auch gleich zwei Backbleche mit Backpapier auslegen.
4. Den Teig in einen Spritzbeutel mit einer Lochtülle füllen und kleine Teighäufchen (ca. 2 cm breit) auf das Backblech spritzen.
5. Im vorgeheizten Backofen für 10 Min. backen, bis die Amerikaner schön goldbraun sind.

Fertigstellung:

Nach dem Backen kurz abkühlen lassen. Dann können die Amerikaner beliebig mit Puderzucker oder Schokolade glasiert und mit Streuseln dekoriert werden.

Schillerlockerl

Schaumrollen

Zubereitungszeit: ca. 45 Min.
Abkühlzeit: 20 Min.
Backzeit: 15 Min.
Für 12 Stück

Zutaten:
1 Packung Blätterteig aus dem Kühlregal
Schillerlockenformen

Füllung:
500 ml Sahne
3 Päck. Sahnesteif
3 Päck. Vanillezucker
2 EL Zucker

Zum Wälzen:
100 g Zucker
1 Päck. Vanillezucker

Zubereitung:

1. Backofen auf 180 °C Ober-/Unterhitze vorheizen.
2. Ein Backblech mit Backpapier belegen. Die Schillerlockenformen fetten.
3. Den Blätterteig aus dem Kühlschrank nehmen und ausrollen. Mit einem Messer den Teig der Breite nach in 12 Streifen von je ca. 4 cm schneiden.
4. Jeden Teigstreifen von der Spitze aus leicht überlappend um eine Schillerlockenform wickeln. Eine Seite mit dem Pinsel etwas mit Wasser bestreichen und leicht in Zucker wälzen. Mit der Zuckerseite nach oben auf das Backpapier setzen und für ca. 15 Min. backen.
5. In der Zwischenzeit Sahne mit Sahnesteif steif schlagen. Vanillezucker und Zucker unterrühren.
6. Die Vanillesahne in einen Spritzbeutel mit Sterntülle füllen.
7. Sobald die Schillerlocken ausgekühlt sind, mit dem Spritzbeutel die Vanillesahne in die Löcher der Locken spritzen.

Nusseckerl

Nussecken

Zubereitungszeit: ca. 1 Std.
Abkühlzeit: 15 Min.
Backzeit: 30 Min.
Für 48 Stück

Teig:
350 g Mehl
1 TL Backpulver
130 g Zucker
1 Päck. Vanillezucker
2 Eier
130 g weiche Butter

Belag:
Ca. 4 EL Aprikosenmarmelade
200 g Butter
2 EL Wasser
2 EL Obstbrand
200 g Zucker
1 Päck. Vanillezucker
400 g gemahlene Haselnüsse

Verzierung:
Zartbitterkuvertüre

Teigherstellung:

1. Aus dem mit Backpulver vermischten Mehl, Zucker, Vanillezucker, Eiern und Butter einen festen Teig herstellen. Ein Backblech mit etwas Butter einfetten. Den Teig darauf verteilen und ausrollen. Mit Aprikosenmarmelade bestreichen.

2. Backofen auf 180 °C Ober-/Unterhitze vorheizen.

Belag:

1. In einem Topf Butter, Wasser, Obstbrand, Zucker und Vanillezucker erwärmen. Die gemahlenen Haselnüsse unterrühren.

2. Diese Masse auf der Marmelade verteilen und gleichmäßig verstreichen.

3. Im vorgeheizten Backofen für 30 Minuten backen.

Fertigstellung:

1. Kurz abkühlen lassen, aber noch heiß in 12 Quadrate schneiden, diese dann zuerst schräg teilen und die Dreiecke dann nochmals schräg teilen.

2. Kuvertüre im Wasserbad schmelzen. Die Nussecken an zwei Ecken in Schokolade tauchen.

Gloane Maulwurfshugerl

Maulwurfskuchen-Muffins

Zubereitungszeit: ca. 1 Std.
Abkühlzeit: 15 Min.
Backzeit: 20 Min.
Für 12 Stück

Rührteig:
150 g weiche Butter
125 g Zucker
1 Päck. Vanillezucker
3 Eier
175 g Mehl
2 gestr. TL Backpulver
10 g Kakao
3 EL Milch
50 g Schokostreusel

Füllung:
250 g Bananen
200 g Schmand
20 g Zucker

Zum Bestreichen:
2 EL Aprikosenmarmelade

Rührteig:

1. Den Backofen auf 180 °C Ober-/Unterhitze vorheizen.

2. Butter, Zucker und Vanillezucker cremig rühren. Die Eier hinzufügen und schaumig rühren.

3. Das mit Backpulver vermischte Mehl sowie den Kakao hinzufügen und unterrühren. Die Milch und die Schokostreusel ebenso unterrühren.

4. Eine Muffinform mit 12 Muffinförmchen auslegen. Den Teig gleichmäßig darin verteilen und für etwa 20 Min. backen.

Fertigstellung:

1. Nach dem Erkalten von jedem Muffin einen Deckel abschneiden. Die Muffin-Unterteile mit einem Teelöffel so aushöhlen, dass noch ein Rand stehen bleibt. Die Gebäckreste zerbröseln. Etwa 5 EL von den Bröseln zum Garnieren beiseitestellen.

2. Für die Füllung die Bananen in kleine Stücke schneiden. Schmand mit Zucker verrühren. Die Bananenstücke und die restlichen Brösel vorsichtig untermischen. Nun die Bröselmasse mit einem Teelöffel kuppelartig in die Vertiefungen streichen.

3. Die Aprikosenmarmelade kurz in einem Topf erwärmen, damit sie flüssig ist. Mithilfe eines Backpinsels die Muffins bestreichen. Mit den Gebäckbröseln bestreuen und etwas fest drücken.

Lachende Gsichterl

Gesichter-Mürbteigkekse

Zubereitungszeit: ca. 1 Std.
Abkühlzeit: 30 Min.
Backzeit: 10 Min.
Für 6–8 Stück

Mürbteig:
400 g Mehl
200 g Butter
3 Eigelb
100 g Zucker
1 Päck. Vanillezucker
50 g geriebene Haselnüsse
Schale und Saft einer Zitrone

Füllung:
Sauerkirschkonfitüre

Zum Bestäuben:
Puderzucker

Mürbteig:

1. Aus Mehl, Butter, Eigelb, Zucker, Vanillezucker, Haselnüssen, Zitronensaft und Zitronenschale einen Mürbteig herstellen. Den Teig portionsweise ausrollen, mit einem Glas oder einer Plastikschüssel mit einem Durchmesser von ca. 10 cm runde Kekse ausstechen.

2. Den Backofen auf 180 °C vorheizen. Die Kekse vorsichtig auf ein mit Backpapier belegtes Blech setzen. In die Hälfte der Plätzchen mithilfe einer Spritztülle Augen in die Kekse stechen, mit einem spitzen Messer vorsichtig einen Mund formen und entfernen. Im Backofen für ca. 12 Min. backen, bis die Kekse schön goldbraun sind.

Fertigstellung:

1. Ganz abkühlen lassen, erst dann vom Backblech lösen.

2. Auf die Plätzchen ohne Gesicht etwas Sauerkirschkonfitüre streichen, mit einem Gesicht-Plätzchen zusammenkleben.

3. Zum Schluss mit Puderzucker bestäuben.

Tipp

Diese Kekse können in beliebig großer Form ausgestochen werden.

Man kann den Mund auch erst nach dem Backen mit einer Puderzuckerglasur und Smarties formen. Perfekt für jeden Kindergeburtstag!

Schnelle Äpfel-Zimt-Schneckerl

Apfel-Zimt-Schnecken aus Blätterteig

Zubereitungszeit: ca. 30 Min.
Abkühlzeit: 15 Min.
Backzeit: 20 Min.
Für ca. 20 Stück

Zutaten:

1 Pack. Blätterteig aus dem Kühlregal
2 Äpfel
2–3 EL Sahne
1 EL Zucker
½ TL Zimt
Puderzucker zum Bestreichen

Zubereitung:

1. Backofen auf 180 °C Ober-/Unterhitze vorheizen.
2. Den Blätterteig auf einer sauberen Arbeitsfläche ausrollen.
3. Die Äpfel vierteln, schälen, entkernen und fein raspeln.
4. Auf den Teig mit einem Esslöffel die Sahne streichen. Darauf die geraspelten Äpfel verteilen.
5. Ca. 3 cm vom oberen Rand der Längsseite frei lassen, um den Blätterteig besser aufrollen zu können.
6. Auf den Äpfeln den Zucker und Zimt gleichmäßig verteilen.
7. Von der unteren Längsseite vorsichtig eine Rolle formen. Je 2–3 cm dicke Schnecken schneiden und auf ein mit Backpapier belegtes Backblech legen.
8. Für 20 Min. backen.
9. Nach dem Auskühlen mit einer Puderzuckerglasur bestreichen.

Mandelbrezerl

Mandel-Marzipan-Brezen

Zubereitungszeit: ca. 20 Min.
Abkühlzeit: 30 Min.
Backzeit: 15 Min.
Für 10–15 Stück

Zutaten:
200 g Marzipanrohmasse
200 g gemahlene Mandeln
1 TL Zitronensaft
150 g Puderzucker
1 Eiweiß

Zum Bestreichen:
1 Eiweiß
100 g Mandelblättchen (gehobelt)
100 g Vollmilchkuvertüre

Zubereitung:

1. Aus Marzipan, Mandeln, Zitronensaft, Puderzucker und dem Eiweiß einen festen Teig herstellen. Daraus nach und nach auf einer mit Puderzucker bestreuten Arbeitsfläche immer wieder lange Stränge nach Wunsch drehen und Brezeln formen.

2. Den Backofen auf 180 °C Ober-/Unterhitze vorheizen.

3. Das Eiweiß in einer Schüssel leicht verschlagen und die Brezeln damit bestreichen. Dann in den gehobelten Mandeln wälzen und auf ein mit Backpapier belegtes Blech legen. Im Ofen für ca. 10–15 Min. backen.

4. Die Kuvertüre im Wasserbad schmelzen. Die Brezeln nach dem Backen auskühlen lassen und mit einer Seite in die Kuvertüre tauchen.

Betti's Brotzeitbred

Nuss-Kampl

Blätterteig-Nuss-Kämme

Zubereitungszeit: ca. 30 Min.
Abkühlzeit: 15 Min.
Backzeit: 15 Min.
Für 12 Stück

Zutaten:

1 Packung Blätterteig aus dem Kühlregal

Füllung:

100 g gemahlene Haselnüsse
1 Ei
80 g Zucker
1 EL Rum

Zum Bestreuen:

Puderzucker

Zubereitung:

1. Backofen auf 200 °C Ober-/Unterhitze vorheizen.

2. Den Blätterteig ausrollen und in 12 gleich große Quadrate mit je 10 cm Seitenlänge schneiden.

3. Die Haselnüsse mit Ei, Zucker und Rum verrühren. Auf die Mitte jedes Teigquadrats einen Streifen Nussfülle geben. Die Hälfte des Teigquadrats auf die gegenüberliegende Seite klappen, etwas andrücken und in gleichmäßigen Abständen einschneiden, damit ein Kamm entsteht. Etwas auseinanderziehen.

4. Die Kämme auf ein mit Backpapier belegtes Blech legen. Auf mittlerer Schiene für ca. 15–20 Min. backen, bis sie schön goldbraun sind. Nach dem Abkühlen mit Puderzucker bestäuben.

Tipp

Die „Kampl" kann man anstatt mit Haselnüssen auch beliebig mit Marmelade, Nutella oder Früchten füllen.

Die Früchte dann einfach noch mit 1–2 EL Zucker bestreuen.

Osser-Kipferl

Vanille-Hefe-Hörnchen

Zubereitungszeit: ca. 2 Std.
Abkühlzeit: 30 Min.
Backzeit: 15 Min.
Für 15 Stück

Hefeteig:

500 g Mehl
½ Würfel frische Hefe
1 Päck. Backpulver
70 g Zucker
1 Prise Salz
1 Päck. Vanillezucker
1 Eigelb
80 g weiche Butter
250 ml Milch

Füllung:

400 ml Sahne
3 Päck. Sahnesteif
250 g Vanillepudding (aus dem Kühlregal)

Zum Wälzen:

100 g Zucker
2 Päck. Vanillezucker

Hefeteig:

1. Für den Hefeteig die Milch in einem Topf leicht erwärmen. Nicht über 40 °C, da sonst die Hefe zerstört wird.

2. Mehl in eine große Schüssel geben und mit einem Kochlöffel eine Mulde hineindrücken. Zucker darüber streuen. Die Milch vorsichtig in die Mulde gießen. Hefe hineinbröckeln, eine Prise Salz darüber geben und mit einem Kochlöffel vorsichtig ein Teiglein in der Mulde herstellen. Immer ein bisschen Mehl von der Seite nehmen, aber nur soviel, dass ein breiartiger Teig entsteht.

3. Zugedeckt an einem warmen Ort 20 Min. gehenlassen. Das Teiglein sollte sich dann sichtlich vergrößert haben.

4. Nun alle restlichen Zutaten in die Schüssel geben und mit dem Knethacken einen festen Teig herstellen. Diesen dann wieder ca. 60 Min. zugedeckt an einem warmen Ort gehenlassen.

5. Wenn der Teig schön aufgegangen ist, auf eine bemehlte Arbeitsfläche geben, nochmals kurz durchkneten und dann in 15 gleich große Stücke aufteilen.

6. Jedes Teigstück zu einer Kugel „rundschleifen", dann zu einem langen Oval ausrollen. Das Oval von der kurzen Seite her zu einer Rolle aufrollen und ein Kipferl daraus formen. Auf ein mit Backpapier belegtes Blech legen.

Fortsetzung auf der nächsten Seite ▶

7. Die Kipferl dann nochmals zugedeckt 15 Min. gehenlassen.

8. Den Backofen auf 200 °C Ober-/Unterhitze vorheizen.

9. Nach der Gehzeit die Kipferl für 15 Min. backen, bis sie schön hellbraun sind.

Tipp
Diese Kipferl passen hervorragend auch ohne Füllung und ohne Zuckerstreusel zum Sonntagsfrühstück mit Marmelade!

Füllung:

Für die Füllung Sahne mit Sahnesteif steif schlagen. Den Vanillepudding vorsichtig unterheben.

Fertigstellung:

1. Nach dem Abkühlen der Kipferl diese waagerecht durchschneiden. Die Oberseite mit etwas Wasser bepinseln und in der Vanillezucker-Zucker-Mischung wälzen.

2. Vanillecreme in einen Spritzbeutel geben und gleichmäßig Tupfen auf die untere Hälfte des Kipferls spritzen. Den Deckel daraufsetzen und am besten frisch genießen.

Schoklad-Zöpferl

Schokoladen-Hefezöpfe

Zubereitungszeit: ca. 3 Std.
Abkühlzeit: 1 Std.
Backzeit: 25–30 Min.
Für 6–8 Stück

Hefeteig:
50 g Butter
300 g Milch
60 g Zucker
½ Würfel frische Hefe
550 g Weizenmehl
1 TL Salz

Füllung:
Nuss-Nougat-Creme

Zum Bestreichen:
Vor dem Backen:
1 verquirltes Ei

Nach dem Backen:
Puderzuckerglasur

Hefeteig:

1. Für den Hefeteig die Milch in einem Topf leicht erwärmen. Nicht über 40 °C, da sonst die Hefe zerstört wird. Mehl in eine große Schüssel geben und mit einem Kochlöffel eine Mulde hineindrücken. Zucker darüber streuen. Die Milch vorsichtig in die Mulde gießen. Hefe hineinbröckeln, 1 TL Salz darüber geben und mit einem Kochlöffel vorsichtig ein Teiglein in der Mulde herstellen. Immer ein bisschen Mehl von der Seite nehmen, aber nur soviel, dass ein breiartiger Teig entsteht.

2. Zugedeckt an einem warmen Ort 20 Min. gehenlassen. Das Teiglein sollte sich dann sichtlich vergrößert haben.

3. Nun alle restlichen Zutaten in die Schüssel geben und mit dem Knethaken einen festen Teig herstellen. Diesen dann wieder ca. 60 Min. zugedeckt an einem warmen Ort gehenlassen.

4. Wenn der Teig schön aufgegangen ist, auf eine bemehlte Arbeitsfläche geben, nochmals kurz durchkneten und dann in 3 gleich große Stücke teilen.

Fortsetzung auf der nächsten Seite ▶

Fertigstellung:

1. Nacheinander je ein großes Rechteck ausrollen. Mit der Nuss-Nougat-Creme bestreichen und von der langen Seite her vorsichtig aufrollen. Wenn möglich den Strang noch in die Länge zwirbeln. In 6–8 gleich große Stücke schneiden.

2. Je 3 Stücke nebeneinanderlegen, falls nötig nochmals in die Länge zwirbeln und dann zu einem Zopf flechten. Auf ein mit Backpapier belegtes Blech legen. Mit den anderen genau so verfahren. Wenn alle Zöpfe auf dem Backblech liegen, diese nochmals mit einem sauberen Geschirrtuch zugedeckt etwa 15 Min. gehenlassen. In der Zwischenzeit den Backofen auf 180 °C Ober-/Unterhitze vorheizen.

3. Das Geschirrtuch von den Zöpfen nehmen und diese mit einem verquirlten Ei bestreichen.

4. Für 25–30 Min. im Backofen backen. Danach komplett auskühlen lassen.

5. Mit einer Puderzuckerglasur bestreichen und frisch genießen.

Tipp

Die Zöpfe können genauso gut z. B. mit Marmelade oder einer Nussfüllung gefüllt werden.

Der Fantasie sind keine Grenzen gesetzt!

Puddingbrezerl

Vanillepuddingbrezen

Zubereitungszeit: ca. 1 Std.
Abkühlzeit: 30 Min.
Backzeit: 20 Min.
Für ca. 8 Stück

Zutaten:

Eine Rolle Blätterteig
300 ml Milch
1 Päck. Vanillepuddingpulver
2 EL Zucker
1 Ei
Puderzuckerglasur zum Bestreichen

Zubereitung:

1. Den Pudding nach Packungsanleitung mit Zucker und 300 ml Milch zubereiten.
2. Das Ei in einer kleinen Schüssel verquirlen.
3. Den Blätterteig ausrollen. Eine Hälfte mit dem Ei bepinseln, dann mit der anderen Seite zuklappen. Ca. 8 gleich dünne Streifen schneiden. Diese vorsichtig vom Papier lösen, verzwirbeln und zu Brezeln formen.
4. Den Backofen auf 200 °C Ober-/Unterhitze vorheizen.
5. Die Brezen auf ein mit Backpapier belegtes Blech mit etwas Abstand legen. Nochmals mit dem verquirlten Ei bestreichen.
6. Den bereits abgekühlten Pudding in einen Spritzbeutel füllen und in die 3 Löcher der Breze spritzen. Für 20 Min. im Backofen backen, bis der Blätterteig schön aufgegangen ist und leicht zu bräunen beginnt.
7. Abkühlen lassen und mit einer Puderzuckerglasur bestreichen.

Nuss-Schifferl

Streuselecken

Zubereitungszeit: ca. 30 Min.
Abkühlzeit: 15 Min.
Backzeit: 15 Min.
Für ca. 16 Stück

Zutaten:

1 Pack. Blätterteig (aus dem Kühlregal)

1 Eigelb

150 g Mehl

50 g Nüsse (Haselnüsse, Mandeln, Walnüsse nach Belieben)

150 g Butter

125 g Zucker

Zubereitung:

1. Den Blätterteig ausrollen und mit einem Messer in Dreiecke schneiden (zuerst gesamte Platte der Länge nach halbieren, dann schräg die Dreiecke schneiden).

2. Backofen auf 180 °C Ober-/Unterhitze vorheizen.

3. Das gesiebte Mehl mit den Nüssen und dem Zucker vermischen. Die Butter in einem Topf zerlassen. Tröpfchenweise zu dem Mehl-Nuss-Gemisch geben und mithilfe einer Gabel Streusel machen.

4. Den Blätterteig auf ein mit Backpapier belegtes Blech legen. Mit dem Eigelb bestreichen und die Streusel darauf verteilen. Für 12–15 Min. backen, bis sie knusprig braun sind.

5. Die Streuselecken abkühlen lassen und mit Puderzucker besieben.

Striezl

Striezel

Zubereitungszeit: ca. 3 Std.
Abkühlzeit: 15 Min.
Backzeit: 5–10 Min.
Für ca. 30 Stück

Zutaten:

500 g Mehl
3 Eigelb
80 g Zucker
1 Prise Salz
80 g weiche Butter oder Pflanzenmargarine
200 g Sahne
2 Päck. Vanillezucker

Teigherstellung:

1. Alle Zutaten zu einem festen Teig verarbeiten. Den Knetteig ca. ½ Stunde kühl stellen.
2. Den Teig dünn ausrollen, Streifen schneiden.

Fertigstellung:

1. Reichlich Pflanzenfett in einem Topf auf ca. 180 °C erhitzen.
2. Die Striezel vorsichtig hineingeben und von jeder Seite für ca. 2 Min. ausbacken.
3. Herausnehmen und abtropfen lassen.
4. In Zucker wälzen oder mit Puderzucker bestäuben.

Tipp

Noch besser werden die Striezel, wenn man sie vor dem Ausbacken durch das Eiweiß zieht, das vom Teig übriggeblieben ist. Dann sofort in das heiße Fett geben.

Man kann die Striezel auch super einfrieren, dann aber nicht in Zucker wälzen.

Vogerl

Quarkbällchen (ohne Hefe)

Zubereitungszeit: ca. 45 Min.
Abkühlzeit: 10 Min.
Backzeit: 40 Min.
Für ca. 30 Stück

Quark-Teig:
250 g Mehl
1 Päck. Backpulver
100 g Zucker
2 Päck. Vanillezucker
250 g Quark
2 Eier

Zum Backen:
Reichlich Butterschmalz bzw. Frittierfett

Zum Bestäuben:
Puderzucker

Quark-Teig:

Mehl mit Backpulver, Zucker und Vanillezucker in einer Schüssel vermischen. Dann den Quark und die Eier hinzugeben und alles verrühren.

Ausbacken:

1. In einem kleinen Topf das Schmalz erhitzen. Anhand eines Holzkochlöffels erkennt man, ob das Fett heiß genug ist, es macht dann kleine Bläschen.

2. Mit zwei Teelöffeln dann eine Art Nockerl formen und vorsichtig in das heiße Fett geben. Die Bällchen ca. 5–7 Min. im heißen Fett backen. Mit einer Schaumkelle herausnehmen, abtropfen lassen und auf ein Küchenpapier legen.

3. Die Quarkbällchen nach dem Abkühlen mit Puderzucker besteuben.

Tipp

Die Quarkbällchen lassen sich auch super einfrieren. Dazu erst nach dem Auftauen mit Puderzucker bestreuen.

Brigittes Gewürzschnitterl

Brigittes Gewürzschnitten

Zubereitungszeit: ca. 1 ½ Std.
Abkühlzeit: 30 Min.
Backzeit: 30–40 Min.
Für ca. 30 Stücke

Mürbteig:

200 g sehr weiche Butter
200 g Zucker
1 Ei
375 g Mehl
1 TL Rum-Aaroma
3 TL Backpulver
Johannisbeergelee zum Bestreichen

Rührteig:

4 Eier
350 g Zucker
150 ml Speiseöl
270 g Mehl
270 g Paniermehl
½ l Milch
3 TL Backpulver
2 EL Kakao
1 Päck. Lebkuchengewürz

Zartbitterkuvertüre zum Bestreichen

Teigherstellung:

1. Aus Butter, Zucker, Ei, Mehl, Aroma und Backpulver einen Mürbteig herstellen.

2. Diesen Teig auf ein gefettetes Backblech ausrollen.

3. Mit Johannisbeergelee bestreichen.

4. Für den Rührteig die Eier mit dem Zucker schaumig rühren. Öl, Mehl, Backpulver, Paniermehl, Milch, Kakao und das Lebkuchengewürz nacheinander hinzugeben und alles vorsichtig miteinander verrühren. Den Rührteig nun auf dem mit Johannisbeergelee bestrichenen Mürbteig gleichmäßig verteilen.

5. Im auf 180 °C Ober-/Unterhitze vorgeheizten Backofen für 30–40 Min. backen.

Fertigstellung:

1. Nach dem Abkühlen die Kuvertüre im Wasserbad schmelzen und den Kuchen damit bestreichen und trocknen lassen.

2. Mit einem scharfen Messer (am besten zuerst in heißes Wasser tauchen) in ca. 3 x 5 cm große Stücke schneiden.

Finsterauer Herzerl

Flammende Herzen „dunkel"

Zubereitungszeit: ca. 2 Std.
Abkühlzeit: 15 Min.
Backzeit: 10–15 Min.
Für ca. 10 Stück

Teig:

450 g Mehl
50 g Kakao
200 g Puderzucker
450 g weiche Butter
100 g Speisestärke

Füllung:

Johannisbeergelee

Verzierung:

Zartbitter- oder Vollmilchschokolade

Teigherstellung:

1. Die zimmerwarme, weiche Butter in eine Schüssel geben und cremig rühren. Mehl, Kakao, Puderzucker und Speisestärke hinzugeben und alles zu einer schönen Masse verrühren.
2. Den Teig in einen Spritzbeutel mit Sterntülle füllen und auf ein vorbereitetes mit Backpapier belegtes Blech die gewünschte Form spritzen (Achtung, gehen beim Backen noch auf). Bei 180 °C Ober-/Unterhitze etwa 10–15 Min. backen.

Fertigstellung:

Nach dem Auskühlen die Schokolade im Wasserbad schmelzen. Je ein Plätzchen mit Johannisbeergelee bestreichen, mit einem weiteren zusammenkleben. In die flüssige Schokolade bis zur Hälfte tauchen, abtropfen und trocknen lassen.

Glücks-Schweinderl

Glücks-Schweinchen

Zubereitungszeit: ca. 2 Std.
Abkühlzeit: 30 Min.
Backzeit: je 15 Min.
Für 15 Stück

Quark-Öl-Teig:
200 g Quark
50 g Zucker
1 Päck. Vanillezucker
1 Ei
50 g Speiseöl
40 g Milch
320 g Mehl
1 Päck. Backpulver
1 Eigelb

Nussfüllung und Verzierung:
100 g Haselnüsse (gemahlen)
50 ml Sahne
40 g Zucker
30 Zuckeraugen

Nussfüllung:

Für die Nussfüllung Sahne in einem Topf erwärmen. Zucker und Haselnüsse zugeben und zu einer gleichmäßigen Masse verrühren. Vom Kochfeld nehmen.

Quark-Öl-Teig:

1. Backofen auf 175 °C Ober-/Unterhitze vorheizen. Alle Zutaten für den Quark-Öl-Teig zu einem festen Teig verkneten. Bei Bedarf noch etwas Mehl zugeben, der Teig sollte nicht zu sehr kleben.

2. Den Teig portionsweise auf einer mit Mehl bestäubten Arbeitsfläche ausrollen. Nun 30 Plätzchen à 8 cm und 15 Plätzchen à 4 cm ausstechen. Aus dem restlichen Teig die Öhrchen formen.

3. Auf die Hälfte der großen Plätzchen die Füllung verteilen, ein zweites Plätzchen daraufsetzen und die Ränder gut zusammendrücken. Auf ein mit Backpapier belegtes Blech legen.

Fertigstellung:

1. Je ein kleines Plätzchen mit Eigelb bestreichen und auf ein großes Plätzchen kleben. Mit einem Kochlöffelstiel zwei Nasenlöcher formen. Auch die Ohren mit Eigelb bestreichen und auf die Schweinchen kleben. Im Backofen nun ca. 15 Min. backen.

2. Erkalten lassen und eine Puderzuckerglasur herstellen, mit etwas Lebensmittelfarbe rosa einfärben und die Schweinchen damit bestreichen. Jedes Schweinchen bekommt noch 2 Zuckeraugen.

Rezeptregister

Zur Autorin

Bettina Haller wurde 1987 im Landkreis Straubing-Bogen geboren und wuchs sehr heimatverbunden im idyllischen Bayerischen Wald auf. Die Liebe zum Backen hat ihr ihre Mama vererbt und so übte sie sich schon als kleines Mädel im Kuchenbacken. Heute hat Bettina Haller viele Fans. Mehr als 10.000 Menschen folgen ihr mittlerweile auf Instagram. Seit 2018 zeigt sie dort auf ihrem Account „bettis.leckeres.landleben“, wie man wundervolle Torten, feine Kuchen und herrliches Gebäck zaubert. Dabei leitet sie die Back-Interessierten nicht nur gut an, sondern präsentiert auch in wunderschönen Bildern, was man so alles in der eigenen Küche zaubern kann. Mit dem vorliegenden Backbuch möchte Bettina nun allen Back-Fans eine Vielfalt an Kuchen- und Tortenrezepten an die Hand geben. „Schmecken muss es vor allem“, das ist Bettina besonders wichtig. Wenn es dann auch noch toll aussieht – umso besser! Mit ihrem Mann und ihren zwei Töchtern lebt die Autorin heute im Landkreis Cham.

MIX
Papier aus verantwortungsvollen Quellen
FSC® C014138
FSC www.fsc.org

Bibliografische Information der Deutschen Nationalbibliothek

Die Deutsche Nationalbibliothek verzeichnet diese Publikation in der Deutschen Nationalbibliografie; detaillierte bibliografische Daten sind im Internet über http://dnb.dnb.de abrufbar.
ISBN 978-3-95587-820-7

Für uns, die Battenberg Gietl Verlag GmbH mit all ihren Imprint-Verlagen, ist Nachhaltigkeit ein wichtiger Teil unserer Unternehmensphilosophie. Daher achten wir bei allen unseren Produkten auf den Einsatz umweltschonender Ressourcen und Materialien.
Dieses Buch wurde auf FSC®-zertifiziertem Papier gedruckt. FSC (Forest Stewardship Council®) ist eine nicht staatliche, gemeinnützige Organisation, die sich für die verantwortungsvolle und ökologische Nutzung der Wälder unserer Erde einsetzt.

Unsere Partnerdruckerei kann zudem für den gesamten Herstellungsprozess nachfolgende Zertifikate vorweisen:
- Zertifizierung für FOGRA PSO
- Zertifizierungssystem FSC®
- Leitlinien zur klimaneutralen Produktion (Carbon Footprint)
- Zertifizierung EcoVadis (die Methodik besteht aus 21 Kriterien in den Bereichen Umwelt, Einhaltung menschlicher Rechte und Ethik)
- Zertifikat zum Energieverbrauch aus 100% erneuerbaren Quellen
- Teilnahme am Projekt „Grünes Unternehmen“ zum Schutz von Naturressourcen und der menschlichen Gesundheit

Alle Bilder von Bettina Haller

Titel: Rezept „Bettis Landhaustraum“ s. Seite 105

2. Auflage 2024
ISBN 978-3-95587-820-7

www.battenberg-gietl.de
Layout & Satz: Margit Schmidt